Abhandlungen

des

kriminalistischen Seminars.

Herausgegeben

von

Dr. Franz von Liszt,
ord. Professor der Rechte in Halle a/S.

Zweiter Band.

Berlin.
Verlag von J. Guttentag
(D. Collin).
1890.

Inhalt.

Abhandlungen

des

kriminalistischen Seminars.

Herausgegeben

von

Dr. Franz von Liszt,
ord. Professor der Rechte in Halle a/S.

Zweiter Band, 1. Heft.

Crusen: Der strafrechtliche Schutz des Rechtsguts der Pietät.

Berlin.
Verlag von J. Guttentag
(D. Collin).
1890.

Der

strafrechtliche Schutz

des

Rechtsguts der Pietät.

Von

Dr. Georg Crusen.

Berlin.
Verlag von J. Guttentag
(D. Collin).
1890.

Vorwort zum zweiten Bande.

Da die Verlegung des kriminalistischen Seminars von Marburg nach Halle a. S. in der Einrichtung desselben keine Änderung von grundsätzlicher Bedeutung erlitten hat, mag es gestattet sein, die folgenden Hefte den bisher erschienenen als unmittelbare Fortsetzung anzureihen. Auch sind die Abhandlungen, welche im ersten und zweiten Hefte dieses Bandes erscheinen, noch in Marburg während der letzten Semester entstanden. Bezüglich des Zweckes dieser Veröffentlichung sei auf die Einleitung zum ersten Bande verwiesen.

Halle a. S., im Februar 1890.

Professor von Liszt.

Meinem lieben Vater

gewidmet.

Vorrede.

Die nachstehende Abhandlung, die ich hiermit der Öffentlichkeit zu übergeben wage, soll eine möglichst eingehende Interpretation des §. 168 und teilweise der §§. 166 und 367. 1. des RStGB. geben und die Frage der Verbesserungsfähigkeit derselben anregen. Der Schwerpunkt der Arbeit ist daher im dogmatischen Teile und den sich daran anschliessenden positiven Vorschlägen zu suchen, während ich zu einem gründlichen Studium der Geschichte der in Frage kommenden Delikte nicht die nötige Zeit gefunden habe.

Zugleich ergreife ich mit Freuden die Gelegenheit, meinem hochverehrten Lehrer, Herrn Professor Dr. v. Liszt, für die liebenswürdige Förderung, die er meiner Arbeit hat zu teil werden lassen, auch an dieser Stelle meinen herzlichsten Dank abzustatten.

Marburg a. L., Ende Juli 1889.

Georg Crusen.

Inhalt.

Verzeichnis der benutzten Druckschriften.

Abegg, Dr. J. Fr. H. Über das religiöse Element in der Peinlichen Gerichtsordnung. Im: Archiv des Kriminalrechts. Neue Folge. Jahrg. 1882, Beilageheft.

(Anonym). Über den strafrechtlichen Begriff des Leichnams. In: Goltdammers Archiv, Band IX S. 449 ff.

Arndts, Dr. L. Ritter von Arnesberg. Lehrbuch der Pandekten, 9. Aufl. Stuttgart 1877.

von Bar, Dr. L. Das Delikt des groben Unfugs. In: „Die Nation" (herausgeg. von Barth), No. 16, vom 14. I. 1888.

Bekker, E. J. Das Recht des Besitzes bei den Römern. Leipzig 1880.

— System des heutigen Pandektenrechts, Band I. Weimar 1886.

Berner, A. Fr. Lehrbuch des deutschen Strafrechtes, 15. Aufl. Leipzig 1888.

Binding, Dr. K. Handbuch des Strafrechts, Band I. Leipzig 1885.

— Grundrifs zu Vorlesungen über Gemeines Deutsches Strafrecht. II. Besonderer Teil. Als Manuskript gedruckt. Leipzig 1876.

Bleich, E. Verhandlungen des im Jahre 1848 zusammengetretenen ständischen Ausschusses, 4 Bände. Berlin 1848.

Bluhme, Fr. Edictus ceteraeque Langobardorum leges. Bonn 1869.

Brinz, Dr. Al. Lehrbuch der Pandekten, 2 Bände. Erlangen 1883 bis 1889.

Brunner, H. Deutsche Rechtsgeschichte, Band I. Leipzig 1887.

Carpzow, Ben. Practica nova imperialis Saxonica rerum criminalium. Leipzig und Frankfurt 1695.

Casper, J. L. Handbuch der gerichtlichen Medizin, 7. Aufl., herausgeg. von Dr. C. Liman. Band II. Thanatologischer Teil. Berlin 1882.

Cramer, Dr. C. E. Die Behandlung des menschlichen Leichnams im Civil- und Strafrecht. Zürich 1885.

Daude, Dr. P. Das Strafgesetzbuch für das Deutsche Reich, 3. Aufl. Berlin 1888.

Dernburg, H. Pandekten. Band I. Berlin 1884. Lehrbuch des Preufsischen Privatrechts, 3 Bände, 4. Aufl. Halle 1884.

Dickel, K. Der Thatbestand des Diebstahls nach deutschem Recht. In.-Diss. Bonn 1877.

Erman, Ad. Ägypten und ägyptisches Leben im Altertume, 2 Bände. Tübingen. (Ohne Jahreszahl. 1886?)

Frantz, Dr. Ad. Lehrbuch des Kirchenrechts. Göttingen 1887.

Fustel de Coulanges. La cité antique, 11. Aufl. Paris 1884.

Geyer, Dr. A. Grundriss zu Vorlesungen über gemeines deutsches Strafrecht. München 1884, 1885.

Grimm, Gebrüder. Deutsches Wörterbuch, Band VI.

Hälschner, Dr. H. Das gemeine deutsche Strafrecht, 2 Bände. Bonn 1881—1887.

Haubold, Dr. Chr. G. Handbuch einiger der wichtigsten kursächsischen Gesetze. Leipzig 1800.

Hélie (Chauveau et Faustin-Hélie). Theorie du code pénal, 5. Aufl., 6 Bände. Paris 1874.

Hinschius, P. Das Preufsische Kirchenrecht im Gebiete des Allgemeinen Landrechts. Berlin 1884.

von Holtzendorff, Dr. Fr. „Tötung“ in seinem Handbuch des deutschen Strafrechts. Band III S. 403ff. Berlin 1874.

Kappeler, Dr. A. Zum Begriff „Mord“ im englisch-amerikanischen Rechte im Gerichtssaal. 1870. S. 289—317.

Kayser. „Mifsgeburt“ in Holtzendorffs Rechtslexikon.

Kohler, Dr. Jos. Shakespeare vor dem Forum der Jurisprudenz. Würzburg 1883.

von Krafft-Ebing, Dr. R. Psychopathia sexualis. Stuttgart 1887.

Kramer, Al. Über das Recht in Bezug auf den menschlichen Körper. In.-Diss. Berlin 1887.

Kriegk, Dr. G. L. Deutsches Bürgertum im Mittelalter. Neue Folge. Frankfurt 1871.

Lasson, Ad. System der Rechtsphilosophie. Berlin 1882.

von Lilienthal, Dr. K. „Unfug“ in v. Holtzendorffs Rechtslexikon.

von Liszt, Dr. Fr. Lehrbuch des Deutschen Strafrechts. 3. Aufl. Berlin 1888.

Lueder, Dr. K. Die Vermögensbeschädigung. Leipzig 1867.

Maschka, Dr. J. „Zeichen der Jungfrauschaft und gesetzwidrige Befriedigung des Geschlechtstriebes“ in seinem Handbuch der gerichtlichen Medizin, Band III. Tübingen 1882.

Mayer, Dr. S. Die Rechte der Israeliten, Athener und Römer mit Rücksicht auf die Gesetzgebungen in Parallelen dargestellt. Band III. Das Strafrecht. Trier 1876.

Merkel. „Diebstahl“ in v. Holtzendorffs Rechtslexikon.

Meves. Das Reichsstrafgesetzbuch in seinem Verhältnis zur Religion. Gerichtssaal. Band 27 S. 321—372.

Meyer, Dr. H. Lehrbuch des Deutschen Strafrechts, 4. Aufl. Erlangen 1888.

Mittelstein, Dr. M. Mensch und Leichnam als Rechtsobjekt. Goltdammers Archiv, Band 34 S. 173—180.

Nolcken, Baron Ad. Das Strafgesetzbuch für Rufsland übersetzt und erläutert. St. Petersburg 1887.

Olshausen, Dr. J. Kommentar zum Strafgesetzbuch für das Deutsche Reich. 3. Aufl. Lief. 1—4. Berlin 1888. (Von §. 172 an nach der 2. Aufl. citiert).

Oppenhoff, Dr. Fr. Das Strafgesetzbuch für das Deutsche Reich, 11. Aufl. Berlin 1888.

Ortloff, Dr. H. Kind oder Foetus? Berlin 1887.

Osenbrüggen, Ed. Das Strafrecht der Langobarden. Schaffhausen 1863.

Pernice, Dr. A. Zum römischen Sakralrechte II. in den Sitzungsber. der Kgl. Preufsischen Akademie der Wissenschaften zu Berlin 1886. S. 1169—1203.

Post, Dr. A. H. Bausteine für eine allgemeine Rechtswissenschaft auf vergleichend ethnologischer Basis, Band I, II. Oldenburg 1880, 1881.

Puchelt, Dr. Das Strafgesetzbuch für das Deutsche Reich. Karlsruhe 1871.

Rein, Dr. W. Das Kriminalrecht der Römer von Romulus bis auf Justinianus. Leipzig 1844.

Rivier. „Beerdigungspflicht" in von Holtzendorffs Rechtslexikon.

Rofshirt, K. Fr. Geschichte und System des deutschen Strafrechts. Stuttgart 1839.

Rubo, Dr. E. Tr. Kommentar über das Strafgesetzbuch für das Deutsche Reich. Berlin 1879.

Rüdorff, Dr. H. Strafgesetzbuch für das Deutsche Reich, 3. Aufl., herausgeg. von Stenglein. Berlin 1881.

Sanders, Dr. D. Wörterbuch der Deutschen Sprache.

Schletter, Dr. H. Th. Die Konstitutionen Kurfürst Augusts von Sachsen vom Jahre 1572. Leipzig 1857.

Schultheis, Rud. Über die Möglichkeit von Privatrechtsverhältnissen am menschlichen Leichnam und Teilen desselben. In.-Diss. Halle a. S. 1888.

Schütze, Dr. Th. R. Lehrbuch des Deutschen Strafrechts, 2. Aufl. Leipzig 1874.

von Schwarze, Dr. Fr. O. Kommentar zum Strafgesetzbuch für das Deutsche Reich, 5. Aufl. Leipzig 1884.

Skrzeczka, Dr. Leichnam, Lebensfähigkeit, Monstrum. Goltdammers Archiv Band 14 S. 513 ff.

Sohm, R. Institutionen des römischen Rechts. Leipzig 1884.

Stobbe, O. Geschichte der deutschen Rechtsquellen, 2 Bände. Leipzig 1864.

Thouissen, J. J. Le droit pénal de la république athénienne. Bruxelles 1875.

Villnow, Dr. Vergehen, welche sich auf die Religion beziehen. Gerichtssaal, Band 31 (1879) S. 509ff., 580ff.

Volkmann, Ritter von Volkmar. Lehrbuch der Psychologie, 2 Bände. Köthen 1875, 1876.

von Wächter, C. G. Pandekten, 2 Bände. Leipzig 1880—1881.

— Handbuch des im Königreich Württemberg geltenden Privatrechts, Band II. 1842.

Wahlberg. Vergehen, welche sich auf die Religion beziehen. v. Holtzendorffs Handbuch des Strafrechts, Band III S. 263ff.

Waitz, Dr. Th. Anthropologie der Naturvölker, Band II. Leipzig 1860.

Wappäus, Dr. H. Zur Lehre von den dem Rechtsverkehr entzogenen Sachen. Göttingen 1867.

Wilda, Dr. W. E. Das Strafrecht der Germanen. Halle 1842.

Windscheid, B. Lehrbuch des Pandektenrechts, Band I.

von Wittken. Rechtsverhältnisse der Kirchhöfe. Beiträge zur Erläuterung des deutschen Rechts (Gruchot). Jahrgang XXVI S. 662 bis 675.

Der strafrechtliche Schutz des Rechtsguts der Pietät.

A. Einleitung.

§. 1.

Von welchem Gesichtspunkte aus soll die Rechtsordnung den „Totenfrieden" schützen?

Die Rechtsordnung schützt Rechtsgüter der lebenden Menschen. Der Tote hat keine Rechte, er kann weder auf privatrechtlichem noch auf öffentlich-rechtlichem Gebiete verletzt werden. Dieses gilt auch für das Strafrecht; es giebt keine strafbare Handlung, welche den Toten als solchen verletzt. Wohl aber giebt es strafbare Handlungen, welche sich auf einen Toten beziehen: Beschimpfung des Andenkens Verstorbener, Thätlichkeiten gegen seinen Leichnam, Verunehrung des Ortes, wo er seine letzte Ruhestätte gefunden hat.

Man bezeichnet diese Delikte meist als „Störungen der Totenruhe oder des Gräberfriedens" in Übereinstimmung mit dem Sprachgebrauch und der Auffassung des Volkes, das von den Toten als von den „zum ewigen Frieden Eingegangenen" spricht. Aber das Recht verlangt gröſsere Genauigkeit des Ausdruckes: der Tote hat keinen Frieden, der durch irgend welche menschlichen Handlungen gestört werden könnte.

Weshalb sind also diese Handlungen strafwürdig? Weil durch sie ein Rechtsgut der Lebenden verletzt wird. Jeder Mensch, mit Ausnahme des gänzlich verrohten, hat eine gewisse Ehrfurcht vor dem Andenken desjenigen, der durch den Tod dem Kreise seiner Mitmenschen entrissen ist, sein Gefühl sträubt sich dagegen, zu dulden, dafs der irdischen Hülle des Verstorbenen mit frevler Hand genaht, dafs seine Ehre, die er selbst nicht mehr verteidigen kann, angegriffen wird. Dieses Gefühl der heiligen Scheu nennt man Pietät, es wird verletzt durch jede ihm zuwiderlaufende, auf den Toten bezügliche Handlung. Hieraus ergiebt sich bereits die Begriffsbestimmung des Rechtsguts der Pietät; es ist: das rechtlich geschützte Interesse der Lebenden, in ihrem Gefühl von der Unantastbarkeit der Ehre eines Toten, von der Unverletzlichkeit seines Leichnams und seines Grabes nicht verletzt zu werden. Sie ist ein Rechtsgut, dessen Träger das Individuum, nicht die Gesamtheit der Rechtssubjekte ist. Allerdings hat der Staat ein bedeutendes Interesse daran, dafs pietätverletzende Handlungen nicht begangen werden, denn eine Verrohung der Gemüter würde die unausbleibliche Folge davon sein, aber das Interesse ist auch hier nur ein mittelbares, wie bei allen strafbaren Handlungen, etwa bei den Eigentumsdelikten, wo ebenfalls die Gesamtheit nicht unmittelbar als verletzt erscheint. Verletzt ist in erster Linie das subjektive Gefühl des einzelnen.[1])

Ihrer Natur nach gehört die Pietät zu der Klasse der immateriellen Rechtsgüter,[2]) von denen drei in ganz besonders naher Beziehung zu ihr stehen: das religiöse Gefühl, das Gefühl der Sittlichkeit und das Mitleid gegenüber den Tieren. Die vier Gruppen haben das Gemeinsame, dafs durch eine einzige Handlung das betreffende Rechtsgut bei einer unbegrenzten Anzahl von Individuen verletzt wird oder doch verletzt werden kann, die zu dem Objekt, an dem die Verletzung vorgenommen wird, in keinerlei äufserer Beziehung stehen. Ein Beispiel wird den Zusammenhang klarer hervortreten lassen:

[1]) Ebenso von Liszt S. 382. Hälschner II. S. 716. H. Meyer S. 1016.
[2]) von Liszt S. 292.

durch eine tierquälerische Handlung, verübt an irgend einem Hunde, wird eine grofse Anzahl von Personen in ihrem Mitleidsgefühle verletzt, die diesen Hund nie gesehen haben.[3]) Ebenso richtet sich die Vornahme einer Leichenschändung nicht nur gegen die Hinterbliebenen, sondern gegen einen viel weiteren Kreis von Personen, deren Pietät dadurch verletzt wird; sonst würden ja Leichen solcher Personen, die keinerlei Angehörige hinterlassen, unbeschützt sein. Dafs dieses aber nicht der Fall ist, hat seinen Grund in der Gemeinsamkeit ethischer Anschauungen, die innerhalb der einzelnen Völker und, bis zu einem gewissen Grade, innerhalb der gesamten Menschheit vorhanden ist.

Die Pietät erstreckt sich zunächst auf alle Verstorbenen, auf alle Leichen, hat aber, ebenso wie andere subjektive Gefühle (Mitleid, Liebe, Dankbarkeit u. s. w.) gewisse Grenzen, die gebildet werden durch den Ablauf eines grofsen Zeitraums und andrerseits durch die Erwägung, dafs es Forderungen giebt, denen gegenüber das Gefühl schweigen mufs. Hieraus erklärt sich, dafs weder Mumien, verkäufliche Skelette und Präparate, noch Hünengräber von der Rechtsordnung unter erhöhten Schutz gestellt, dafs vielmehr die ihnen zugefügten Verletzungen als Beschädigungen von Eigentumsgegenständen angesehen werden. Eine nähere Begründung dieser Thatsache ist im dogmatischen Teil zu geben.

Die Pietät und mit ihr der strafrechtliche Schutz des menschlichen Leichnams haben zunächst mit keiner der bestehenden Religionsgesellschaften auch nur das geringste zu thun;[4]) nicht als gewesener Christ oder Jude, sondern als

---

[3]) Dafs der Gesetzgeber — aus praktischen oder anderen Gründen — z. T. Strafe nur eintreten läfst, wenn durch die Handlung selbst Anstofs erregt, nicht aber schon, wenn durch das Bekanntwerden derselben dieser Erfolg eingetreten ist, kann für die systematische Auffassung der Delikte um so mehr aufser Acht bleiben, als dieser Standpunkt durchaus nicht einwandsfrei ist.

[4]) Villnow S. 510.

irdische Hülle eines Menschen wird der Leichnam vor Unbilden geschützt, ohne Rücksicht darauf, welcher Konfession der Verstorbene zu seinen Lebzeiten angehörte, oder ob er überhaupt Mitglied einer solchen war; das Recht macht keinen Unterschied zwischen dem Leichnam des Atheisten und dem des frommen Christen. Auch ob die Beisetzung mit oder ohne religiöse Feierlichkeit vor sich ging, und ob das Grab durch den Geistlichen geweiht wurde oder nicht, ist gleichgültig.[5])

Die Pietät ist von der Religion unabhängig; es ist sehr wohl denkbar, dafs ein Mensch, der keiner der im Staate vorhandenen Religionen angehört, eine durchaus pietätvolle Gesinnung hat, die auf strafrechtlichen Schutz Anspruch machen darf, und umgekehrt. Allerdings hängen die Worte „pietas" und „religio" ihrer Bedeutung nach zusammen, und wenn man Religion in dem weiteren Sinne fafst, in welchem sie die heilige Scheu bedeutet, die ein mit dem Verstande nicht zu begreifendes Ereignis den Menschen einflöfst, so würde auch das Gefühl der Pietät darunter fallen, das auf ganz ähnliche Quellen, insbesondere auf die Scheu des Menschen vor dem Mysterium des Todes zurückzuführen ist.[6]) In diesem Sinne verstanden würde der Ausdruck „strafbare Handlungen gegen das religiöse Gefühl" auch die gegen die Pietät sich wendenden Delikte mit umfassen.

---

[5]) von Liszt S. 382.

[6]) Es ist nicht unmöglich, dafs gerade der Tod die ersten Äufserungen des religiösen Bewufstseins bei den Menschen veranlafst hat. Fustel de Coulanges (La cité antique S. 20) sagt: „Cette religion des morts — der Totenkultus bei den alten Griechen und Italikern — paraît être la plus ancienne qu'il y ait eu dans cette race d'hommes. Avant de concevoir et d'adorer Indra ou Zeus l'homme adore les morts; il eut peur d'eux, il leur adressa des prières. Il semble que le sentiment religieux ait commencé par là. C'est peut-être à la vue de la mort que l'homme a eu pour la première fois l'idée du surnaturel et qu'il a voulu espérer au delà de ce qu'il voyait. La mort fut le premier mystère; elle mit l'homme sur la voie des autres mystères. Elle eleva sa pensée du visible à l'invisible, du passager à l'éternel, de l'humain au divin."

Die Pietät ist so alt, wie die menschliche Kultur: es giebt kein von derselben berührtes Volk, das nicht sein Interesse an der Unverletzlichkeit des menschlichen Leichnams und des Grabes durch Strafandrohungen gegen die Verletzer derselben zu erkennen gegeben hätte. Aber die systematische Stellung der Delikte ist in hohem Grade dem Wechsel unterworfen gewesen.

In ältester Zeit ist dieselbe beeinflufst von den religiösen Anschauungen der Völker. Hier sind an erster Stelle diejenigen zu erwähnen, welche, wie die alten Ägypter, Anhänger der Lehre von der Seelenwanderung sind, oder welche, wie die Griechen und alten Italiker, den Verstorbenen eine nahezu göttliche Verehrung zu teil werden lassen.[7]) Bei ihnen hängt die Achtung vor dem Toten noch unmittelbar zusammen mit religiösen Vorstellungen; da der Kultus derselben vorgeschrieben ist, so mufs ihnen jeder Ausdruck der Mifsachtung als direkt gegen die nationale Staatsreligion gerichtet, als Religionsdelikt im eigentlichsten und engsten Sinne erscheinen. In demselben Mafse aber, wie die Toten aufhören Gegenstand des Kultus zu sein, lösen sich die gegen sie begangenen Handlungen aus dem Kreise der Religionsdelikte; immerhin hängen sie noch historisch mit ihnen zusammen, und wie eng und schwer zerstörbar dieses Band ist, erkennt man am besten bei einer Durchforschung der modernen Gesetzgebungen: eine nicht unbedeutende Anzahl derselben führt die Strafandrohungen gegen die Störung der Totenruhe unter denen gegen die Religionsdelikte auf; so: Preufsisches StGB. von 1851; Österreichischer Entwurf eines StGB. von 1889; Dänisches StGB. von 1866. — Norwegisches StGB. von 1842; die StGB. von Kanton Waadt 1843, Kanton Unterwalden ob dem Wald 1870, Kanton Solothurn 1885, endlich der Entwurf für Neuchâtel von 1889. Als

[7]) Vgl. hierüber die ersten Abschnitte von Fustel, La cité antique.

Delikte gegen die Freiheit der Kulte — Delitti contro la libertà dei culti — faſst sie das Italienische StGB. vom 30. VI. 1889. Das RStGB. hat sich der Auffassung des preuſsischen angeschlossen.

Diese Auffassung der in Frage kommenden strafbaren Handlungen ist aber weder im geltenden Recht die allein herrschende, noch ist sie es in früheren Zeiten gewesen. Denn da mit der Beschädigung eines Grabes, mit der Wegnahme eines Leichnams in der Mehrzahl der Fälle eine Beeinträchtigung des Eigentums verbunden sein wird, so kann ein Gesetzgeber, der im allgemeinen der Kategorie der immateriellen Rechtsgüter nicht günstig gesinnt ist und nach einem materiellen Substrat für dieselben sucht, leicht auf den Gedanken kommen, das Eigentum als das prinzipaliter oder gar ausschlieſslich verletzte Rechtsgut zu betrachten. Auf diesem Standpunkt stehen daher: die sämtlichen deutschen Partikularstrafgesetzgebungen mit alleiniger Ausnahme Preuſsens; die Strafgesetzbücher von: Griechenland 1833, Belgien 1867, Thurgau 1841, Wallis 1859, Glarus 1867, Aargau 1857, Basel 1872, St. Gallen 1885; endlich das ungarische StGB. von 1880 und der russische Entwurf von 1887. Daſs diese Auffassung der modernen Anschauung nicht mehr entspricht, glaube ich bereits gezeigt zu haben. Wenn es auch zweifellos Fälle von Leichen- und Gräberentweihung giebt, in denen das Moment der Vermögensbeschädigung eine groſse Rolle spielt, so ist es doch die Richtung gegen die Pietät, welche der Handlung ihren eigentümlichen Stempel aufprägt.

Ferner finden sich folgende Auffassungen: als „Vergehen gegen die öffentliche Ruhe und Ordnung" im StGB. für Bosnien und die Herzegowina von 1880, im österreichischen StGB. von 1852 und im niederländischen von 1886; — als „Friedensstörung" in den Strafgesetzbüchern von Bern 1866, Zürich 1871 und Zug 1876. — Im schwedischen StGB. von 1864 finden sich die betreffenden Bestimmungen unter dem Titel

„De la violation de la paix individuelle en certains lieux placés sour la protection spéciale de la loi.“ — Endlich sehen die Strafgesetzbücher von Frankreich (Code pénal), Chile 1874 und Genf 1874 die Delikte an als „Infractions aux lois sur les inhumations“, fassen dieselben also als rein polizeiliche auf.

Gegenüber dieser grofsen Abweichung in den Gesetzgebungen zeigt sich in der Litteratur die Tendenz, eine einheitliche Auffassung der Delikte heranzubilden. Insbesondere stimmen die Ansichten von Hälschner, von Liszt, Hugo Meyer, (an den in Anm. 1 zitierten Stellen) und Berner (S. 433), denen ich mich anschliefse, darin überein, dafs die Schriftsteller alle das Gefühl des Individuums als verletzt ansehen. Die Auffassung als Eigentumsdelikt wird wohl heute in der deutschen Litteratur kaum noch vertreten. Dagegen bezeichnet Cramer S. 48 den religiösen Frieden der Religionsgesellschaften speziell den „Totenfrieden“ als das verletzte Rechtsgut. Dieser Standpunkt scheint mir nicht ganz korrekt zu sein. Der Ausdruck: „Friede der Religionsgesellschaften“ ist zwar sehr poetisch, aber für das Recht — in Anwendung auf den vorliegenden Fall — unbrauchbar. Die Verletzung des Friedens erzeugt den Unfrieden, daher kann man mit Recht Meuterei, Landfriedensbruch, Aufruhr als gegen den öffentlichen Frieden gerichtete Handlungen bezeichnen, denn durch sie wird für eine individuell unbestimmte Anzahl von Personen der Zustand des allgemeinen Friedens und der öffentlichen Sicherheit, wenn auch nur für kurze Zeit, aufgehoben. Dafs dieser Erfolg auch durch jede Verletzung eines Grabes eintritt, die vielleicht erst spät nach ihrer Verübung bekannt wird, dürfte sich doch wohl kaum behaupten lassen.

§. 2.

Die Aufgabe der Arbeit.

Zweck der vorliegenden Abhandlung ist: die Untersuchung des strafrechtlichen Schutzes gegen die Verletzung der Pietät, sofern dieselbe begangen wird durch Handlungen, welche sich, mittelbar oder unmittelbar gegen einen menschlichen Leichnam richten. Es scheiden demgemäfs drei Gruppen von Thatbeständen aus der Betrachtung aus.

I. Alle mit dem Leichnam zusammenhängenden zivilrechtlichen Fragen, insbesondere die nach dem Eigentum an Leichen und Leichenteilen. Dieselben werden nur, soweit es des Zusammenhanges wegen unumgänglich ist, eine kurze Erwähnung finden; im übrigen sei verwiesen auf die weiter unten zitierten Abhandlungen von E. Cramer, Al. Kramer und R. Schultheis.

II. Diejenigen strafbaren Handlungen, welche zwar die Pietät verletzen, sich aber nicht gegen die körperliche Hülle wenden. Das RStGB. bedroht sie als „Beschimpfung des Andenkens Verstorbener" im §. 189 mit Strafe; es gelten für sie im allgemeinen die Grundsätze der Beleidigung.

III. Diejenigen strafbaren Handlungen, welche zwar an einem Leichnam verübt werden, aber eine Verletzung der Pietät nicht oder doch regelmäfsig nicht bilden. Hierher gehören besonders:

1. Die Übertretung aller lediglich im polizeilichen Interesse erlassenen Vorschriften über frühzeitige Beerdigung, Verheimlichung von Leichen, Exhumationen und Einrichtung von Kirchhöfen.

2. Der Diebstahl an solchen Sachen, die der Leiche ins Grab mitgegeben sind.

Die Hauptaufgabe dieser Arbeit ist die Dogmatik des heutigen Rechts, welcher eine historische Einleitung vorauszuschicken ist. Diese erhebt keinerlei Anspruch auf Vollständigkeit und konnte um so kürzer ausfallen, als dieser Teil des Themas bereits eingehende Behandlung gefunden hat in den erwähnten Dissertationen, die sie in einzelnen Punkten ergänzen soll. Die dogmatischen Erörterungen werden die Verbesserungsfähigkeit der betreffenden Bestimmungen des RStGB. ergeben; ich habe daher den Versuch gemacht, dieselben neu zu formulieren und die vorgeschlagenen Abänderungen eingehend zu motivieren. Endlich findet sich im Anhang eine Zusammenstellung der auf unser Thema bezüglichen Vorschriften der deutschen und aufserdeutschen Gesetzgebungen, die mir besonders bei Abfassung der positiven Vorschläge als Material gedient haben; ihr Abdruck erschien mir zur Vergleichung und zur Kontrole nicht ohne Nutzen; um sie leichter zugänglich zu machen, ist einem grofsen Teile derselben eine deutsche Übersetzung beigefügt.

B. Beiträge zur geschichtlichen Entwicklung des Delikts der Pietätverletzung.*)

§. 3.

Das gemeine deutsche Strafrecht.

Da die Karolina über die Delikte an Leichen und Gräbern Stillschweigen bewahrte, so blieb für das gemeine Strafrecht noch immer der tit. Dig. 47.12. und tit. Cod. 9.19 de sepulcro violato

*) Angaben über Wesen und Bestrafung des Delikts in den ältesten Zeiten finden sich in Werken von Ad. Erman II. (Ägypten), Leist und Fustel de Coulanges (Gräkoitaliker), Thonissen (Griechenland). Vgl. ferner für das römische Recht: Rein, Pernice, auch Sohm, Institutionen S. 152; für das ältere deutsche Recht: Wilda, Osenbrüggen, Brunner.

mafsgebend,[1]) denn auch die spätere Reichsgesetzgebung zog dieselben nicht in ihren Bereich. Wohl aber fanden sie Berücksichtigung in den seit Mitte des XVI. Jahrhunderts lebhaft in Thätigkeit tretenden Partikulargesetzgebungen. Aus der grofsen Zahl derselben seien hier nur die folgenden erwähnt:

1. Die kursächsischen Konstitutionen (publiziert am 21. April 1572).

Die 24. Constitutio des vierten Teils („Von peinlichen Fällen") trägt die Überschrift: „Von Strafe derer, welche die Todten aufgraben, oder sie an dem Galgen bestehlen, oder von den Gerichten nehmen", und lautet folgendermafsen:

„Wenn die Todtengräber oder ander die Todten wiederum aufgraben, dieselben berauben, und darnach wieder einscharren, so ist die Strafe willkührlich, als: dafs sie mit Ruthen gestäupet werden, es wären denn andere Umstände vorhanden, derowegen die Strafe zu schärfen, als: da sie die todten Leichname unbegraben liegen lafsen, oder oftmals solche Missethat begangen; oder aber mit gewehrter Hand verbracht hätten; in diesen und dergleichen Fällen sollen die Thäter mit dem Schwert gestraft werden.

Die aber, welche den Dieben oder gerechtfertigten Mifsethätern an dem Galgen oder auf dem Rade die Kleider ausziehen, sollen mit Staupenschlägen gestraft werden.

Diejenigen, so die todten Körper vom Galgen oder Gerichten wegnehmen, so es verwandte Freunde thäten, sollen etwas gelinder, an Gelde oder mit Gefängnis, und nicht am Leibe gestraft werden.

Da es aber andere Leute thäten, Zauberei zu gebrauchen, oder aus anderem bösem Vorsatz, dieselbigen sollen gestäupet, oder verwiesen, oder sonst nach Gelegenheit der Personen, willkürlich gestraft werden."

---

[1]) Rofshirt III. 158.

Die Constitutio 34 folgt direkt auf die Abschnitte, welche vom Diebstahl handeln; das Delikt ist also vom Gesetzgeber noch nicht als Pietätsverletzung aufgefaſst. Kulturgeschichtlich nicht uninteressant ist die mildere Strafe, mit der „Verwandte Freunde“ belegt werden sollen; das älteste germanische Recht wuſste von solchen Ausnahmen nichts. — Carpzov behandelt die Const. 34 sehr ausführlich und unter Anführung zahlreicher Beispiele in seiner „Practica nova imperialis Saxonica rerum criminalium“ Pars II. quaestio 83. n. 53 squ.

2. Kurfürstlich Brandenburgisches Landrecht des Herzogtums Preuſsen von 1620.

Das VI. Buch desselben handelt „Von peinlichen Sachen, Miſshandlungen und Übelthaten auch derselben Straffen“; es behandelt das in Frage kommende Delikt im 7. Artikel u. zw. in engem, z. T. wörtlichem Anschlusse an die Sächsischen Konstitutionen, mit denen es auch die Milderung für Verwandte gemein hat. Die §§. gingen unverändert in das Revidierte Landrecht von 1685 und mit unbedeutenden materiellen Abweichungen in das von 1721 über.[2])

§. 4.

Die deutschen Partikularstrafgesetzbücher von 1794—1870.

Die strafbaren Handlungen gegen die Pietät teilen das Schicksal aller gegen immaterielle Rechtsgüter gerichteten Delikte: erst spät gelangen Wissenschaft und Gesetzgebung zu einer richtigen Anschauung von ihrem Wesen.

---

[2]) Es soll nicht unerwähnt bleiben, daſs in der Zeit bis zur Aufklärungsperiode hin die Leichen gewisser Personen, nämlich der Selbstmörder und z. T. auch der Prostituierten strafrechtlich nicht, oder doch in geringerer Weise, als die der übrigen Menschen, geschützt waren. Nach Auffassung jener Zeiten hatten dieselben durch ihre Handlungsweise die Achtung verscherzt, die man dem Menschen im Leben und im Tode zu erweisen pflegt. Näheres über diese kulturhistorisch äuſserst interessante

Die allerälteste Zeit betrachtet sie als gegen den Toten selbst gerichtet, es mufs daher bereits als ein Fortschritt bezeichnet werden, dafs man anfing, ein Rechtsgut der Lebenden als verletzt anzuerkennen. Über die Frage: welches dieses war, sind die verschiedensten Meinungen herrschend gewesen und z. T. noch vorhanden. Das ALR. belegt den Totengräber, der Leichen entwendet, mit verschärfter Diebstahls-, andere Personen, die das gleiche thun, mit Injurienstrafe; krasser kann der Mangel an systematischer Auffassung nicht ausgesprochen werden. Die Stellung der nach 1813 erschienenen deutschen Strafgesetzbücher, sowie die der ausländischen ist bereits im §. 1 erörtert worden; erstere sehen in dem Delikt eine Eigentumsverletzung; erst während der Vorbereitung des Preufsischen StGB. von 1851 kam die Ansicht zum Durchbruch, dafs es sich um die Verletzung eines immateriellen, dem religiösen Gefühle nahe verwandten Rechtsgutes handle; daher die Stellung unter die Religionsdelikte, welche auch in das RStGB. übergegangen ist.

Welche Bestimmungen im einzelnen von den Partikulargesetzgebungen getroffen worden sind, geht aus der folgenden, chronologisch geordneten Zusammenstellung der einschlägigen Paragraphen hervor. Die Entstehungsgeschichte des Preufsischen StGB. ist auch für die vorliegende Frage von besonderer Wichtigkeit.

1. Kriminalgesetzbuch für das Königreich Sachsen von 1838.

Erscheinung, deren Nachwirkungen sich bis in die Gegenwart erstrecken, findet sich in den oben angeführten Schriften von S. Mayer (IV. S. 197 ff.) und Kappeler, sowie in den Werken von Hinschius (S. 38) und Frantz (S. 235). — Eine anschauliche Darstellung der Geschichte der Anatomie, die zugleich für die Geschichte des Delikts, noch mehr aber für die mit dem Leichnam zusammenhängenden zivilrechtlichen Fragen von Bedeutung ist, giebt Schultheis im II. Kapitel; vgl. auch die geschichtliche Einleitung bei Cramer.

> Art. 228. Bei der Entwendung von Sachen aus Gräbern oder Grabstätten findet Arbeitshausstrafe von wenigstens 3 Monaten statt, insofern nicht der Betrag des Gestohlenen eine höhere Strafe mit sich bringt.
>
> Die Entwendung von Leichnamen aus den Gräbern ist mit 3—6monatlichem, und, wenn sie von Totengräbern oder anderen dabei bestellten Aufsehern verübt worden, mit 6monatlichem bis einjährigem Arbeitshause zu bestrafen.

Der §. steht in dem Abschnitte, der von Diebstahl und Veruntreuung handelt, der Gesichtspunkt der Vermögensbeschädigung ist also hier mafsgebend.

2. Strafgesetzbuch für das Königreich Württemberg vom 1. III. 1839.

> Art. 391. Wer Gegenstände religiöser Verehrung, Gräber oder Grabstätten beschädigt, oder unbefugt Gräber öffnet, ist mit Gefängnis bis zu einem Jahre, und, wenn die Handlung in gewinnsüchtiger Absicht begangen wird, zugleich mit dem Verluste der bürgerlichen Ehren- und der Dienstrechte zu bestrafen.

Auch hier wird die That als Eigentumsbeschädigung gestraft und der besondere Charakter des Objekts als erschwerender Umstand angesehen.

3. Kriminalgesetzbuch für das Königreich Hannover vom 8. VIII. 1840.

> Art. 290. Der Diebstahl aus und an Gräbern und Grabstätten wird gleich den im Art. 287 enthaltenen Fällen (als „ausgezeichneter Diebstahl erster Klasse“) bestraft. Ist aber ein Leichnam entwendet, so ist diese That mit 3—6monatlichem, und wenn sie von Totengräbern oder Aufsehern geschehen, mit 6monatlichem bis einjährigem Arbeitshause zu ahnden.

4. Strafgesetzbuch für das Herzogtum Braunschweig vom 10. VII. 1840.

Kap. II. Diebstahl und Unterschlagung.

§. 219. Die Entwendung von Leichen ist, wenn sie in gewinnsüchtiger Absicht geschieht, mit 6monatiger bis einjähriger Zwangsarbeit, wenn der Thäter einen wissenschaftlichen Zweck hatte, mit Gefängnis von 3 bis 6 Monaten zu bestrafen.

Die Entwendung von Sachen aus Gräbern oder Grabstätten ist, insofern nach den Bestimmungen der §§. 213—216 keine härtere Strafe eintritt, auch wenn der Betrag des Gestohlenen fünf Thaler nicht übersteigt, mit Zwangsarbeit bis von einem Jahre zu belegen.

Die mildere Bestrafung der Entwendung zu wissenschaftlichen Zwecken findet sich hier zuerst.

5. Strafgesetzbuch für das Grofsherzogtum Hessen vom 17. IX. 1841 (eingeführt in der freien Stadt Frankfurt am 16. IX. 1856).

Titel XLII. Vom Diebstahle.

Art. 377. Diebstähle, an Gegenständen verübt, welche einer bereits zu ihrer Ruhestätte gebrachten Leiche beigegeben waren, sowie die Entwendung einer Leiche oder eines Teiles derselben, werden bestraft:

1) wenn die Entwendung von Totengräbern oder anderen auf dem Friedhof angestellten Aufsehern begangen wurde, mit Korrektionshaus von 1—3 oder Zuchthaus bis zu 8 Jahren.

2) wenn sie nicht von diesen Personen begangen wurde, mit Korrektionshaus bis zu 3 oder Zuchthaus bis zu 5 Jahren.

Art. 378. Geschah die Entwendung einer Leiche oder eines Teiles derselben von anderen, als den im vorhergehenden Artikel unter Nr. 1 genannten Personen und nicht in gewinnsüchtiger Absicht, insbesondere bloſs zu wissenschaftlichen Zwecken, so tritt Geldbuſse, Gefängnisstrafe oder Korrektionshausstrafe bis zu 6 Monaten ein.

Das enorme Strafmaximum in Art. 377 Nr. 2 ist bemerkenswert.

6. Strafgesetzbuch für das Groſsherzogtum Baden vom 6. III. 1845.

§. 571. Als besondere Erschwerungsgründe sind bei der Beschädigung folgende Umstände anzusehen: wenn die Beschädigung verübt worden ist:

— — — —

2) an Kirchhöfen, Gräbern oder Grabmälern.

§. 578. (Eröffnung eines Grabes und Entwendung aus demselben.) Die unbefugte Eröffnung eines Grabes wird mit Gefängnis, und, wenn damit eine Entwendung aus dem Grabe verbunden war, mit Kriegsgefängnis nicht unter 3 Monaten oder mit Arbeitshaus bestraft.

§. 579. (Entwendung oder Verstümmelung eines Leichnams.) Wer einen nicht beerdigten Leichnam oder Teile davon entwendet, oder einen solchen Leichnam unbefugter Weise verstümmelt, wird auf Anzeige der Personen oder Behörden, welchen die Sorge für die Beerdigung obliegt, von Gefängnisstrafe getroffen.

Die Strafandrohung gegen Leichenschändung, die im RStGB. fehlt, findet sich hier zuerst.

7. Das sog. Thüringische Strafgesetzbuch.

Art. 219. Bei Diebstählen aus Leichenhäusern, Gräbern und Grabstätten gilt die in dem ersten Satze des vorigen Artikels enthaltene Bestimmung (Erhöhung der gewöhnlichen Strafsätze um die Hälfte).

Die Entwendung von Leichen oder einzelnen Teilen derselben aus Sterbehäusern, Leichenhäusern, Gräbern oder Grabstätten ist mit Gefängnis bis zu Arbeitshaus von 6 Monaten und, wenn der Thäter ein Totengräber oder ein anderer Aufseher an dem Begräbnisorte ist, mit Arbeitshaus bis zu einem Jahre zu bestrafen.

Für die schwerere Bestrafung des Diebstahls aus einem Sterbehause ist dieses das einzige Beispiel.

8. Das Preufsische StGB. vom 14. IV. 1851. Der erste Entwurf zu demselben ist vom Jahre 1828. In der Entstehungsgeschichte zeigt sich deutlich das Schwanken in der Auffassung der Entwendung von Leichen als qualifizierten Diebstahl einerseits und als Delikt gegen das religiöse Gefühl, genauer: die Pietät, andrerseits. Zur Veranschaulichung der Entwicklung sei das Preufsische StGB. in seiner Entstehungsgeschichte verfolgt.

Als man mit den Vorbereitungen zur Ausarbeitung eines StGB. begann, galten die strafrechtlichen Bestimmungen, die das ALR. von 1794 im 20. Titel des II. Teiles in 1577 Paragraphen gab. Die §§. 1152—55, die unsere Materie behandeln, haben folgenden Wortlaut:

§. 1152. Schärfung der Strafe des gemeinen Diebstahls durch körperliche Züchtigung, aber ohne Verlängerung der Dauer, soll erkannt werden, wenn Gräber oder Leichname bestohlen worden.

§. 1153. Ein Totengräber, welcher selbst Leichen entwendet, hat gleiche Strafe und Entsetzung von seinem Amte verwirkt.

§. 1154. Wenn andere Personen Leichen entwenden: so sollen sie auf Antrag der Verwandten des Verstorbenen, als Injurianten bestraft werden.

§. 1155. Auch wenn kein Verwandter auf die Bestrafung des Leichendiebstahls anträgt, findet dennoch eine achttägige bis vierwöchentliche Gefängnisstrafe statt.

Die Auffassung des Gesetzes ist eine durchaus unsystematische: den entwendenden Totengräber trifft Diebstahls-, jede andere Person Beleidigungsstrafe, auf Antrag der Verwandten.

Der erste Entwurf vom Jahre 1828 hat die Entwendung des Leichnams als besonderes Delikt ganz fallen gelassen, bestraft nur die Beleidigung Verstorbener und bedroht aufserdem in Titel II Abschn. 11 §. 25 Nr. 5 die Entwendung von Sachen, die einer Leiche oder einem Grabe gewidmet sind mit geschärfter Diebstahlsstrafe. Anders wieder der folgende

Entwurf des StGB. f. d. Preufs. Staaten, von v. Danckelmann Juni 1830 dem Staatsministerium überreicht (als Manuskript zur Benutzung bei den Beratungen abgedruckt).

> §. 342. Die Strafen des grofsen [wenn der Betrag des Entwendeten über 5 Th.] und des kleinen Diebstahls sind innerhalb der gesetzlichen Grenzen einer jeden zu steigern:
>
> — — — —
>
> 5. wenn Leichen, oder Sachen entwendet worden, welche einer Leiche oder einem Grabe gewidmet sind.

In dem revidierten Entwurf von 1833 und in dem von 1836 fehlt wieder das Delikt der Leichenentwendung; es findet sich jedoch von neuem in dem

Entwurf des StGB. für die Preufsischen Staaten nach den Beschlüssen des Königlichen Staatsrats. 1843.

> §. 413. Diebstähle an Gegenständen verübt, welche einer bereits zur Ruhestätte gebrachten Leiche beigegeben waren, sowie die Entwendung einer Leiche oder eines Teiles derselben, werden mit Strafarbeit bis zu 5 Jahren bestraft.
>
> Ist der Diebstahl von Totengräbern oder anderen auf dem Friedhofe angestellten Aufsehern begangen, so tritt Zuchthausstrafe bis zu zehn Jahren ein.

Beachtenswert ist bei dieser Bestimmung

1. dafs die Wegnahme einer Leiche noch immer als Diebstahl charakterisiert wird,

2. dafs das Strafmaximum des zweiten Absatzes die höchste, für dieses Delikt in irgend einer Gesetzgebung angedrohte Strafe ist.

Bei der von der Kommission des Staatsrats unter Leitung des Justizministers von Savigny vorgenommenen Revision dieses Entwurfs [1]) wird zum ersten Male (unter Berufung auf die Autorität Schwarzes) darauf hingewiesen, dafs der §. 413 in den Titel von Verbrechen, welche sich auf die Religion beziehen, gehöre, da ein eigentlicher Diebstahl im Sinne des Entwurfs nicht vorliege. Aufserdem wird verlangt: Privilegierung der Entwendung zu wissenschaftlichen Zwecken (Gefängnis bis zu 6 Monaten) und Ermäfsigung der enormen Strafe für Totengräber und Aufseher, von der mit Recht behauptet wird, dafs sie in der Gesetzgebung einzig dastehe.

Die Folgen der in der Kommission gepflogenen Verhandlungen [2]) zeigten sich in dem

Entwurf des StGB. für die Preufsischen Staaten
(von der Königl. Immediat-Kommisson dem Plenum des Staatsrats vorgelegt. Dezember 1846).

Sechster Titel. Verbrechen, welche sich auf die Religion beziehen.

> §. 148. Wer eine Leiche oder einen Teil derselben entwendet, ingleichen wer Sachen aus Gräbern oder Grabstätten entwendet, soll mit dem Verlust der

---

[1]) Die Resultate derselben sind unter dem Titel „Revision des Entwurfs des StGB. von 1843“ in 3 Bänden im Druck erschienen (Berlin 1845). Die einschlägigen Bemerkungen finden sich im dritten Bande S. 14 ff.

[2]) Verhandlungen der Kommission des Staatsrats über den revidierten Entwurf des StGB. von 1843. Berlin 1846 S. 82.

Ehrenrechte und mit Strafarbeit oder Zuchthaus bis zu 5 Jahren bestraft werden.

Erhellt aus den Umständen, dafs eine der vorbezeichneten Handlungen ohne gewinnsüchtige Absicht geschehen ist, so ist auf Gefängnis nicht unter 4 Wochen zu erkennen.

Auffällig ist die obligatorische Aberkennung der bürgerlichen Ehrenrechte im ersten Absatze.

§. 147. Wer an Grabstätten beschimpfenden Unfug verübt, ist mit Gefängnis bis zu einem Jahre zu bestrafen.

Die Bestimmungen sind unverändert übergegangen in den Entwurf des StGB. für die Preufsischen Staaten von 1847 §§. 151 und 150. Die Motive zu letzterem (S. 50) besagen, dafs der beschimpfende Unfug an Grabstätten besonders erwähnt sei „als eine untergeordnete und eigentümliche Pietätsverletzung". Die Pietät wird, meines Wissens, hier zuerst als Rechtsgut erwähnt.

Aber noch in den Verhandlungen des im Jahre 1848 zusammengetretenen ständischen Ausschusses[3]) wurde die Frage erörtert, ob der §. 151 nicht doch unter die Bestimmungen über Diebstahl gehöre. Das Gutachten der Abteilung verneinte, der Korreferent Freiherr von Mylius bejahte sie, allerdings mit juristisch anfechtbarer Begründung, indem er sagte: „Denn nicht die Rücksicht auf irgend ein religiöses Gefühl kann m. E. eine Strafe rechtfertigen, da eine Strafe nur gerechtfertigt werden kann durch die Verletzung äufserer in den Rechtskreis anderer fallenden Rechte."

Die §§. wurden in der vorgeschlagenen Fassung genehmigt.

---

[3]) Zusammengestellt und herausgegeben von E. Bleich. Berlin 1848, 4 Bände. — Vgl. Bd. III S. 344ff.

Materiell fast dieselbe Bestimmung findet sich im Entwurf von 1851.

§. 123. Wer unbefugt eine Leiche oder einen Teil derselben aus dem Gewahrsam der dazu berechtigten Person wegnimmt, ingleichen wer Gräber zerstört oder beschädigt, oder an denselben beschimpfenden Unfug verübt, hat Gefängnis von 1 Monat bis zu 2 Jahren verwirkt. Auch kann zugleich auf zeitige Untersagung der Ausübung der bürgerlichen Ehrenrechte erkannt werden.

Jedoch ist die Aberkennung der Ehrenrechte fakultativ gemacht und das Strafmaximum von 8 auf 2 Jahre herabgesetzt; aufserdem ist das Erfordernis hinzugefügt, dafs die Wegnahme aus dem Gewahrsam der dazu berechtigten Person erfolgt ist.

Die endgültige Redaktion vom Jahre 1851 hat folgenden Wortlaut:

Wer unbefugt eine Leiche oder einen Teil derselben aus dem Gewahrsam der dazu berechtigten Personen wegnimmt, ingleichen wer unbefugt Gräber zerstört oder beschädigt, oder an denselben beschimpfenden Unfug verübt, soll mit Gefängnis von 1 Monate bis zu 2 Jahren bestraft werden.

Liegt der Handlung gewinnsüchtige Absicht zum Grunde, so ist zugleich auf zeitige Untersagung der Ausübung der bürgerlichen Ehrenrechte zu erkennen.

9. Das Strafgesetz über Verbrechen, Vergehen und Übertretungen für das Kaisertum Österreich.

V. Hauptstück. Von den Vergehen und Übertretungen gegen die öffentliche Ruhe und Ordnung.

§. 306. Wer die für menschliche Leichen bestimmten Grabstätten aus Bosheit oder Mutwillen beschädigt, unbefugt Gräber eröffnet, von daher oder aus anderen Aufbewahrungsorten menschliche Leichname oder einzelne Teile derselben eigenmächtig hinwegbringt, oder an menschlichen Leichen Mifshandlungen begeht, macht sich eines Vergehens schuldig und ist mit strengem Arreste von 1—6 Monaten zu ahnden. Entwendungen aber, die an Grabstätten, aus Gräbern oder an Leichen in gewinnsüchtiger Absicht vorgenommen werden, sind als Diebstähle (§. 172 und 460) zu behandeln.

10. StGB. für das Königreich Sachsen vom 11. VIII. 1855.

Kap. XV. Von anderen Beeinträchtigungen fremden Eigentums.

Art. 331. Entwendung von Leichen. Die Entwendung von Leichnamen oder Teilen derselben aus Gräbern, Grabgewölben, Leichenhäusern oder aus dem Gewahrsam derer, welche die Leiche in ihrer Obhut haben, wird mit Gefängnis oder Arbeitshaus bis zu 6 Monaten, und wenn sie von Totengräbern oder anderen zur Aufsicht und Bewachung angestellten Personen verübt worden ist, mit Gefängnis bis zu 4 Monaten oder Arbeitshaus bis zu 1 Jahre bestraft.

Bei unbefugter Ansichnahme von Schädeln oder losgelösten Knochen aus Gräbern, Grabgewölben oder Beinhäusern tritt Geldstrafe bis zu 20 Thalern ein.

Die Bestimmung zeichnet sich aus durch milde Strafen und grofse Ausführlichkeit, so dafs sie eine grofse Zahl von Kontroversen von vornherein abschneidet, insbesondere die über die Person des zum Gewahrsam Berechtigten.

11. Hamburger Kriminalgesetzbuch vom 30. IV. 1869.

Titel 11. Diebstahl und Unterschlagung.

Art. 183. Wer eine fremde bewegliche Sache aus

dem Gewahrsam eines anderen, zwar ohne Gewalt an einer Person, aber ohne Einwilligung des Berechtigten nimmt, soll folgendermafsen bestraft werden:

— — — —

Art. 185 c. Diebstahl dritten Grades. III. mit Freiheitsstrafe von 2 Monaten bis zu 5 Jahren

— — — —

2) wenn der Wert des Gestohlenen 5 Thaler übersteigt, und

— — — —

e) wenn eine Leiche, oder wenn eine Sache aus einem Grabe oder von einer Grabstätte — — —

12. RStGB. vom 15. V. 1871.

Elfter Abschnitt. Vergehen, welche sich auf die Religion beziehen.

§. 168. Wer unbefugt eine Leiche aus dem Gewahrsam der dazu berechtigten Person wegnimmt, ingleichen wer unbefugt ein Grab zerstört oder beschädigt, oder wer an einem Grabe beschimpfenden Unfug verübt, wird mit Gefängnis bis zu 2 Jahren bestraft; auch kann auf Verlust der bürgerlichen Ehrenrechte erkannt werden.

§. 367. Mit Geldstrafe bis zu 150 M. oder mit Haft wird bestraft:

1) — — — wer unbefugt einen Teil einer Leiche aus dem Gewahrsam der dazu berechtigten Person wegnimmt.

C. Dogmatik des geltenden Rechts.

§. 5.
Einleitung.

Zwei Arten von strafbaren Handlungen sind es, durch welche — abgesehen von der im §. 189 StGB. unter Strafe gestellten Beschimpfung des Andenkens Verstorbener — nach geltendem deutschen Recht die Pietät der Überlebenden gegen die Toten verletzt werden kann: solche Handlungen, welche gegen den Leichnam unmittelbar gerichtet sind — und solche, welche an dem Orte verübt werden, an welchem der Tote seine letzte Ruhestätte gefunden hat.

Von der ersten Kategorie stellt das RStGB. zwei Fälle unter Strafe: die Wegnahme einer Leiche aus dem Gewahrsam der dazu berechtigten Person (§. 168 i. A.) — und die Wegnahme von Leichenteilen aus dem Gewahrsam der dazu berechtigten Person (§. 367. 1. a. E.). Beide Delikte sind in ihrem Wesen nicht voneinander unterschieden und verdanken nur praktischen Erwägungen ihre verschiedenartige Behandlung. Schon hier sei betont, dafs nur das Wegnehmen strafbar ist, nicht andere an einer Leiche vorgenommene Handlungen beschimpfender oder verletzender Art, die dem Rechtsgefühle ebenfalls als unerlaubte erscheinen und in zahlreichen aufserdeutschen Gesetzgebungen in der That mit Strafe belegt sind. Die Bestimmung des §. 367. 1. i. A., wonach die Beerdigung oder Beiseiteschaffung eines Leichnams ohne Vorwissen der Behörde mit Strafe bedroht wird, bezweckt nicht den Schutz des Rechtsguts der Pietät, sondern hat einen sicherheitspolizeilichen Zweck, kommt somit für uns nicht in Betracht.

Den Diebstahl an Leichen behandelt das geltende Recht nicht als besonderes Delikt.

In drei Fällen belegt das Gesetz diejenigen mit Strafe, welche an dem Orte, wo ein Leichnam zur ewigen Ruhe bestattet ist, Handlungen vornehmen, welche geeignet sind, das Gefühl der Pietät zu verletzen. Es unterscheidet: unbefugte Zerstörung oder Beschädigung eines Grabes (§. 168 i. d. Mitte), Verübung von beschimpfendem Unfug an einem Grabe (§. 168 a. E.) und endlich Verübung von beschimpfendem Unfug auf einem Friedhofe (§. 166 a. E.).

I. Strafbare Handlungen an Leichen selbst.

§. 6.

a) Unbefugte Wegnahme einer Leiche aus dem Gewahrsam der dazu berechtigten Person.

Der §. 168 des RStGB. enthält in seinem ersten Teile die Strafbestimmungen gegen den — mit Unrecht — sogenannten Leichendiebstahl. Die hierauf bezüglichen Worte lauten: Wer unbefugt eine Leiche aus dem Gewahrsam der dazu berechtigten Person wegnimmt .... wird mit Gefängnis bis zu zwei Jahren bestraft; auch kann auf Verlust der bürgerlichen Ehrenrechte erkannt werden.

Zuständig für die Aburteilung des Delikts ist — nach StGB. §. 1 und GVG. §. 73. 1 — die Strafkammer des Landgerichts. Der Versuch ist nicht strafbar; die Aberkennung der bürgerlichen Ehrenrechte wird wohl nur in solchen Fällen einzutreten haben, wo der Thäter einen besonderen Grad von Roheit und Niedrigkeit der Gesinnung an den Tag gelegt hat; im Preufs. StGB. §. 137 war sie davon abhängig gemacht, dafs die That in gewinnsüchtiger Absicht begangen war, das RStGB. hat dieses Erfordernis fallen gelassen, und mit Recht, denn es sind Fälle denkbar, in denen noch gemeinere Motive zu Grunde liegen und daher die Ehrenstrafe durchaus am Platze ist.

Die Strafverfolgung verjährt nach StGB. §. 67 in 5 Jahren.

Gegenstand des Delikts bildet der menschliche Leichnam; es wird daher eine Definition desselben aufzustellen sein, welche den Unterschied klar werden läſst einerseits zwischen Leiche und Fötus und andrerseits zwischen Leiche und solchen menschlichen Überresten, welche bereits aufgehört haben, Leichen zu sein. — Als diejenige Handlung, durch welche das Delikt begangen wird, bezeichnet das Gesetz die „Wegnahme" der Leiche, der Begriff derselben ist daher zu präzisieren. — Endlich kann das Delikt nicht an jeder Leiche begangen werden; geschützt ist nur diejenige, welche sich im Gewahrsam einer Person befindet, u. zw. muſs die Person zu dem Gewahrsam berechtigt sein. Es ergeben sich also zwei weitere zu beantwortende Fragen: wer hat den Gewahrsam an einer Leiche, und wer ist berechtigt, ihn zu haben? — Der Beantwortung dieser Fragen sollen die folgenden §§. gewidmet sein.

§. 7.

I. Der (strafrechtliche) Begriff des Leichnams.

Leichnam — im Sinne des gewöhnlichen Sprachgebrauchs — ist: die entseelte Hülle eines Menschen vom Eintritt des Todes bis zu dem Zeitpunkte, wo der Zusammenhang zwischen den Teilen des Körpers durch den Verwesungsprozeſs oder eine gleichzustellende Vernichtungsart vollständig aufgehoben ist.

Nach Grimms Wörterbuch Band VI. S. 626, 627 bezeichnet Leichnam (aus lîh = leib und hamo = hülle, den Körper also als leibliche Hülle im Gegensatze zu der darin weilenden Seele fassend) zunächst den lebenden Menschenleib und findet sich in diesem Sinne — in altertümelnder Anwendung — auch noch bei neueren Schriftstellern, so bei Tieck in den Gesammelten Novellen IV. 125. Den Übergang zu der heute vorherrschenden Bedeutung bildet die Formel „toter Leichnam"; sie findet sich vielfach, auch in den Strafgesetzbüchern des XVI. und XVII. Jahrhunderts; z. B. Constitutiones Saxonicae (1572) C. XXXIII.: „Da sie den todten Leichnam unbegraben liegen lassen." Ebenso Kurfürstlich Brandenburgisches revidiertes Landrecht des Herzogtums Preufsen v. Jahre 1685 Buch VI. Art. 7. §. 1. „. . . da sie den todten Leichnam unbegraben liegen lassen . . ." Allerdings daneben im §. 2 „Da es aber andere Leute thäten, die todten Cörper stümmelten" u. s. w. Endlich bedeutet Leichnam: den toten Menschenleib, gleichbedeutend mit Leiche, nur dafs letzteres der gewähltere Ausdruck ist; Leichnam wird — nach Grimm — auch gebraucht von einem toten Tiere (jedoch wohl nur selten) und von einem lebenden Menschen, der schon den Eindruck eines toten macht. Die übrigen von Grimm angeführten Bedeutungen können hier unberücksichtigt bleiben.

L e i c h e ist nach Grimm abzuleiten vom gotischen leik = Fleisch, Leib, Leichnam, althochdeutsch: lîh, mittelhochdeutsch: lîch, bedeutet ursprünglich ganz allgemein: Aussehen, Gestalt; dann übertragen: Leibesgestalt, Aussehen des menschlichen Körpers, namentlich soweit Fleisch und Haut dasselbe bestimmen, und geht schliefslich in den Begriff des menschlichen Körpers überhaupt über (daher z. B. Leichdorn). Noch später erhält Leiche die Bedeutung toter menschlicher Körper, namentlich mit Rücksicht auf seine Bestattung. Die Anwendung des Ausdrucks auch auf Tiere, u. zw. besonders auf edlere, findet sich erst in der neueren gewählten Sprache.

Im heutigen Sprachgebrauch unterscheiden sich Leiche und Leichnam dadurch, dafs ersterer Ausdruck auch auf Tiere Anwendung findet, während letzterer in der Regel nur vom toten Menschenleibe gebraucht wird. Auch dürfte die von Sachs (in seinem Deutsch-Französischen Lexikon) aufgestellte Unterscheidung richtig sein, wonach Leiche mehr das Materielle, Körperliche des toten Menschenleibes ausdrückt, während bei „Leichnam" vorwiegend an den Körper als Rest einer individuellen Persönlichkeit zu denken ist. Wenigstens widersprechen dem die angeführten etymologischen Erklärungen nicht.[1])

Das RStGB. spricht im §. 168 von Wegnahme einer „Leiche", gebraucht aber im §. 367. 1 die Ausdrücke „Leichnam" und „Leiche" nebeneinander, ohne dafs eine Unterscheidung beabsichtigt wäre. Hiermit stimmt auch der Sprachgebrauch der deutschen Partikulargesetzgebungen überein.[2]) Rubo in seinem Kommentar z. StGB. S. 676 stellt folgende Unterscheidung auf: Leiche ist der entseelte Körper eines lebend gewesenen oder totgeborenen Menschen, dessen Bestattung zur Erde noch erfolgen soll. Hat die Bestattung stattgefunden oder soll überhaupt eine solche nicht erfolgen, weil z. B. zu wissenschaftlichen Zwecken der entseelte Körper bestimmt worden ist: so ist für den letzteren der den Begriff der Leiche mitumfassende allgemeine Ausdruck „Leichnam" anwendbar. — Ob die Unterscheidung mit dem Sprachgebrauch übereinstimmt, erscheint mir fraglich — mit der Ausdrucksweise des StGB. steht sie in geradem Widerspruch. Denn §. 367. 1 lautet: „wer ohne Vorwissen der Behörde einen Leichnam beerdigt oder bei Seite schafft"; es ist klar, dafs hier von dem bereits beigesetzten menschlichen Körper nicht die Rede ist, gerade — unbefugte — Bewirkung der Beerdigung wird ja unter Strafe gestellt; auch erscheint eine Beschränkung der Bestimmung auf solche Leichen, deren Beerdigung aus irgendwelchen

[1]) Olshausen, Kommentar z. StGB. 3. Aufl. S. 680.

[2]) Vgl. u. a. StGB. für Sachsen von 1838, Art. 228 (Leichnam) — StGB. für Braunschweig von 1840 §. 219 (Leiche).

Gründen nicht erfolgen soll, ungerechtfertigt. Nur diese beiden Kategorieen würden aber nach Rubo „Leichname" sein. Die Unterscheidung hat weiter bedenkliche Konsequenzen, indem alsdann beerdigte Leichen durch §. 168 nicht geschützt werden. Sie ist daher besser aufzugeben.

Die römischen Quellen, insbes. das Corpus iuris civilis, gebrauchen für Leichnam die Bezeichnung corpus (so i. d. R.), auch cadaver und reliquiae.[3]) Corpus findet sich auch im Corpus iuris canonici und in den Volksrechten, in letzteren auch cadaver. Das ALR. verwendet die Ausdrücke „Leiche", „Leichnam" und „toter Körper".[4])

Die Definition des Leichnams, die dem Nichtjuristen aufserordentlich einfach erscheinen würde, ist in der strafrechtlichen Litteratur durchaus bestritten. Es soll im folgenden versucht werden, zunächst negativ festzustellen, was unter Leichnam überhaupt nicht zu verstehen ist.

Nicht unter den Begriff des Leichnams fällt der tote Fötus. Denn Leichnam ist die entseelte Hülle eines Menschen; die Leibesfrucht ist aber kein menschliches Wesen, sie ist ein Teil des mütterlichen Organismus — pars viscerum —, der zu einem Menschen werden kann, wenn er sich ungestört durch schädigende Einflüsse entwickelt. Tritt aber eine Hemmung seiner Entwicklung ein, bevor dieselbe vollendet ist, und wird infolgedessen die Frucht vom Mutterleibe getrennt, so haben wir es nicht mit einem toten Menschen zu thun, sondern mit einer Sache von Menschengestalt, die aber nicht bis zur Menschwerdung gelangt ist. Im einzelnen Falle den toten Fötus von der Kindesleiche zu unterscheiden, ist Aufgabe der medi-

---

[3]) Zahlreiche Belegstellen hierfür siehe bei A. Kramer. Über das Recht in Bezug auf den menschlichen Körper. 1887. S. 11, 12.

[4]) Kramer S. 13.

zinischen Sachverständigen.[5]) — Die angeführte Ansicht ist die herrschende.[6])

Aus gleichen Gründen, wie sie für den Fötus angegeben, ist auch der Körper des Totgeborenen kein Leichnam, obgleich dieses vielfach bestritten ist;[7]) es mufs gefordert werden, dafs das Kind in oder nach der Geburt, wenn auch nur einen Moment, gelebt habe, während Lebensfähigkeit hier wie überall im Strafrecht bedeutungslos ist (von Liszt, Lehrbuch des Strafrechts. 3. Aufl. S. 296).

Dagegen ist der tote Körper einer Mifsgeburt als Leichnam anzusehen, denn von der Wissenschaft ist der Begriff der Monstra im Sinne des älteren Sprachgebrauchs — lebende Wesen, welche, obwohl von einem Weibe geboren, dennoch keine menschliche Form haben[8]) — in das Gebiet der Fabel verwiesen worden.[9]) Mifsgeburt im Sinne der modernen Physiologie ist daher nur noch „eine Frucht mit so regelwidrigen Organen, dafs ihr Fortleben unmöglich gemacht wird". Casper-Liman, dem diese Begriffsbestimmung entnommen ist (Bd. II. S. 11) fügt hinzu „dafs der Begriff Mifsgeburt mit dem Begriff

---

[5]) Vgl. hierzu den in Goltd. Archiv IX. S. 449 ff. (anonym) erschienenen Aufsatz „Ueber den strafrechtlichen Begriff des Leichnams" sowie die Lehrbücher der gerichtlichen Medizin.

[6]) Dafür: Olshausen S. 680; v. Schwarze, Kommentar 5. Aufl. S. 494; Berner, Lehrb. des Strafr. 15. Aufl. S. 695; Puchelt, StGB. S. 195; Cramer, Die Behandlung des menschlichen Leichnams im Civil- und Strafrecht 1885 S. 21. — Dagegen hält Casper-Liman, Handb. der ger. Med. II. S. 4, den Fötus vom medizinischen Standpunkt aus unbedingt für einen Leichnam, giebt jedoch zu, dafs der juristische Sprachgebrauch sich dem nicht angeschlossen habe; mit letzterem haben wir es aber hier zu thun.

[7]) Ebenso: Cramer. — A. M.: Olshausen S. 680; Rubo S. 676; v. Schwarze S. 494.

[8]) Kayser, „Mifsgeburt" in v. Holtzendorffs Rechtslexikon.

[9]) Kayser a. a. O.; Berner S. 494; Hälschner, Lehrbuch des Strafrechts Bd. II. S. 21; Skrzeczka, „Leichnam, Lebensfähigkeit, Monstrum" in Goltd. Archiv Bd. XIV S. 513 ff. — H. Meyer, Lehrb. des Strafr. 4. Aufl. S. 511.

Lebensfähigkeit fast zusammenfällt". Beide sind aber für das Strafrecht ohne Bedeutung, auch das lebensunfähige Kind ist nach allgemeiner Meinung taugliches Objekt der Tötung, d. h. Mensch im Sinne des StGB., sein toter Körper daher auch Leichnam. In der That würde es dem Rechtsgefühl widersprechen, einen Unterschied zu machen zwischen dem Wesen das infolge eines angeborenen Fehlers nach einigen Wochen stirbt, und demjenigen, dessen organische Mängel so wichtige Organe betreffen, dafs dieser Erfolg schon binnen wenigen Stunden eintritt. Der tote Körper des ersteren ist zweifellos ein Leichnam im engeren, hier in Betracht kommenden Sinne, warum nicht auch der des zweiten, wenn beide menschliche Gestalt haben und vielleicht bei dem letzteren nur die Sektion den inneren Fehler ergeben hat. Die medizinische Richtigkeit der Casper-Limanschen Definition wage ich nicht zu bestreiten; wenn daraus aber weiter gefolgert wird, dafs eine tote Mifsgeburt ein Leichnam nicht genannt werden könne, so ist dieses für den Juristen unannehmbar.

Sehr richtig bemerkt Skrzeczka (S. 514): „Jedes Kind ist im Sinne des §. 186 (des Preufs. StGB., der teilweise dem §. 367. 1 des RStGB. entspricht) lebensfähig, das wirklich gelebt hat, sein toter Körper ein Leichnam".

Ist allerdings die Mifsgeburt zugleich eine Frühgeburt, also ein Fötus, so ist ihr toter Körper kein Leichnam.

Das Gesagte ist in der Litteratur nicht unbestritten; die meisten Schriftsteller erwähnen die Mifsgeburt nicht ausdrücklich, jedoch halte ich es für wahrscheinlich, dafs einige derselben mit mir übereinstimmen; so Olshausen S. 680, der sogar das totgeborene, jedoch entwickelte Kind für einen Leichnam hält; und Hälschner, der (II. 21) als Menschen jede „wirklich lebende menschliche Leibesfrucht" ansieht.

Ausgesprochen ist die gegenteilige Ansicht von Casper-Liman a. a. O.; v. Schwarze S. 494; Puchelt S. 195.

Der tote menschliche Körper kann die Eigenschaft als Leichnam wieder verlieren. Als Leiche ist nicht mehr anzusehen ein toter Menschenleib, der sich bereits so in seine Bestandteile aufgelöst hat, dafs der Zusammenhang zwischen denselben aufgehört hat. Ob die Zugehörigkeit der Reste zu dem ehemaligen ganzen Körper noch festzustellen, ist irrelevant. Dieser Zustand der Auflösung kann eintreten auf natürlichem Wege durch den Verwesungsprozefs, aber auch auf künstlichem, so durch Zersetzung mittels chemischer Substanzen. Wann dieselbe als weit genug vorgeschritten betrachtet werden kann, ist quaestio facti. Bestritten ist nur die Klassifizierung der nach der Leichenverbrennung verbleibenden Knochen- und Aschenreste. Dieselben sind als Leichen im rechtlichen Sinne nicht anzusehen; denn der Begriff des Leichnams fordert einen im wesentlichen noch zusammenhängenden Körper; fehlt dieser, so kann man nur von Leichenteilen sprechen.[10]) Ob es sich nicht de lege ferenda empfehlen würde, die Verbrennungsreste den Leichen gleichzustellen, wie dieses schon die Römer[11]) und neuerdings das italienische StGB. von 1889 gethan haben, ist eine andere Frage, die später erörtert werden soll.

Im einzelnen sind, soviel mir bekannt, folgende Definitionen des menschlichen Leichnams aufgestellt. Am weitesten geht Hofmann (Die gerichtsärztliche Sprache S. 8), der den Leichnam definiert als „eine Sache von Menschengestalt“; auch eine Gliederpuppe würde hiernach unter den Begriff Leichnam fallen! Wir werden uns mit der Widerlegung derselben nicht

[10]) Ebenso: Olshausen S. 681; H. Meyer S. 1016; Hälschner II. 717. Eine abweichende Ansicht äufsert nur Mittelstein: „Mensch und Leichnam als Rechtsobjekt“ in Goltd. Arch. Bd. XXXIV S. 179. „Sind dieselben (die Überreste) in erkennbarer Gesamtheit vorhanden, so liegt kein Grund vor, sie anders als die Leiche zu behandeln. Indessen würde der §. 168 RStGB. nicht Platz greifen, da derselbe eine wirkliche Leiche voraussetzt.“

[11]) l. 11 D. de sep. viol. 47. 12. „Rei sepulcrorum violatorum, si corpora ipsa extraxerint vel ossa eruerint ... l. 38 D. de religiosis 11. 7. Ne corpora aut ossa mortuorum detinerentur, aut vexarentur. — —

aufzuhalten haben. — Nach Olshausen (S. 680) bezeichnet Leichnam: „einen toten Menschenleib", in ganz ähnlicher Weise nach Mittelstein (S. 178) den „Körper eines toten Menschen". — Im Gegensatz zu einander stehen v. Liszt (S. 382), der nur den Leichnam, der bereits zur ewigen Ruhe bestattet ist, als Leichnam im Sinne des StGB. auffafst, und Cramer-Rubo. Cramer (S. 20) sagt: „Leichnam ist die entseelte Hülle eines Menschen, solange sie noch nicht bestattet ist;" Rubo (S. 676): „Eine Leiche ist der entseelte Körper eines lebendgewesenen oder totgeborenen Menschen, dessen Bestattung zur Erde noch erfolgen soll."

Um zu einer richtigen Definition zu gelangen, ist davon auszugehen, dafs der Gesetzgeber in der Regel den von ihm verwendeten Worten keine andere Bedeutung beilegt als die denselben im gewöhnlichen Sprachgebrauche zukommende und dafs jede Annahme der besonderen, spezifisch juristischen Bedeutung eines Wortes auch durch besondere Gründe gestützt werden mufs. Nun bedeutet aber im gewöhnlichen Sprachgebrauch Leiche die entseelte Hülle eines Menschen vom Eintritt des Todes bis zu dem Zeitpunkt, wo der Zusammenhang zwischen den Teilen des Körpers durch den Verwesungsprozefs oder eine gleichzustellende Vernichtungsart vollständig aufgehoben ist. Aus dieser Definition ergiebt sich für den gewöhnlichen Sprachgebrauch bereits, dafs nicht unter die Kategorie des Leichnams fallen: der tote Fötus und die nach Aufhebung des Zusammenhangs verbleibenden Leichenteile, wie: Knochen, Haare, Zähne u. a. m. Der juristische Sprachgebrauch verlangt noch weitere Einschränkungen, d. h. es giebt Gegenstände, die dem Sprachgebrauch nach Leichen sind, aber vom Rechte nicht in höherem Grade geschützt werden als andere Sachen. Der Grund, weshalb das Recht Angriffe auf den menschlichen Leichnam mit Strafe bedroht, ist darin zu suchen, dafs durch dieselben die Pietät der Überlebenden verletzt wird. Diese aber beruht darauf, dafs wir im Leichnam nicht nur den toten Körper, ein gleichgültiges Stück der leblosen Natur sehen, sondern dafs wir in ihm die ehemalige Persönlichkeit ehren.[12]) Der Leichnam hört daher auf, rechtsschutzwürdig zu sein, sobald jegliche Erinnerung daran geschwunden ist, dafs man in ihm die frühere Persönlichkeit zu respektieren hat, m. a. W. sobald anzunehmen ist, dafs es unter den Lebenden niemand mehr oder doch nur wenige giebt, für welche derselbe Gegenstand der Pietät ist. Für das ältere Recht trat dieser Umstand ein bei den Leichen aller derjenigen, die durch ihren verwerflichen Lebenswandel den Anspruch auf Achtung für immer verwirkt hatten: den Hingerichteten, den Angeklagten, der aus Furcht vor Strafe sich dem Arme der Gerechtigkeit entzogen hatte, z. T. auch die verstorbene Prostituierte schützte die Rechtsordnung nicht, ihre Beschimpfung und Verletzung galt nicht als Delikt. Für das moderne Recht sind zwei Fälle zu unterscheiden, in denen der Leichnam aufhört, durch die speziell für die Pietätsverletzung erlassenen Strafandrohungen geschützt zu werden: einmal wenn derselbe zur Sache und damit zum Gegenstande des Privatrechts wird, zweitens wenn seit dem Tode der Person ein so bedeutender Zeitraum verflossen ist, dafs die völlige Auflösung in die Bestandteile bereits vor undenklicher Zeit eingetreten wäre, wenn nicht auf künstlichem Wege der Zusammenhang bewahrt wäre.

Die Frage nach der Fähigkeit des Leichnams, Gegenstand von Privatrechten zu sein, hat in letzter Zeit die Litteratur häufiger beschäftigt. Sie wird speziell behandelt in folgenden Schriften: C. E. Cramer, Die Behandlung der menschlichen Leichen im Civil- und Strafrecht. 1885. — A. Kramer, Über das Recht in Bezug auf den menschlichen Körper. 1887. — R. Schultheis, Über die Möglichkeit von Privatrechtsverhältnissen am menschlichen Leichnam und Teilen desselben. 1888.

---

[12]) Cramer S. 42.

Aufserdem finden sich kurze Erwähnungen in zahlreichen Lehrbüchern des Privatrechts. — Es sind 3 Hauptansichten zu unterscheiden.

1. Der Leichnam ist unfähig, Gegenstand von Privatrechten zu sein. Cramer S. 64 (der menschliche Leichnam kommt für das Privatrecht absolut nicht in Betracht). Windscheid, Lehrbuch des Pandektenrechts 6. Aufl. I. S. 477. Arndts, Pandekten, 9. Aufl. S. 53. Wappäus, Zur Lehre von den dem Rechtsverkehr entzogenen Sachen S. 48. von Wächter, Württemb. Privatrecht II. S. 285, Pandekten S. 275. Mittelstein S. 178. Kramer S. 47. Diese Ansicht ist als die — bis jetzt — herrschende zu bezeichnen.

2. Der Leichnam ist Sache: Dernburg, Pandekten I. S. 158, der aber die Veräufserung des Leichnams des Erblassers durch die Erben, weil gegen die guten Sitten verstofsend, für ungültig hält.

3. Der Leichnam steht im allgemeinen aufserhalb des privatrechtlichen Verkehrs, kann aber durch Dispositionsakte der berechtigenden Überlebenden, falls dieselben nicht gegen die guten Sitten verstofsen, zur Sache, und damit fähig werden, Gegenstand von Privatrechtsverhältnissen zu sein. Diese von mir verteidigte Auffassung ist im wesentlichen auch die von Kramer S. 47, der sie formuliert: „Die Leichen, welche wirklich beerdigt werden, haben den religiösen Frieden und sind res extra commercium, dagegen solche Leichen, die in den Verkehr gekommen sind, sind wirkliche Eigentumsobjekte und Gegenstände der Delikte gegen das Eigentum.“ Dagegen erklärt Kramer den Vertrag, „wonach ein Lebender seine Leiche veräufsert für den Fall seines Todes, als unsittlich und jedenfalls unverbindlich“. — Es nähern sich dieser Ansicht: Dernburg in seinem Preufsischen Privatrecht, 4. Aufl. I. S. 145, wo er sagt: „Ferner wird der Körper des Menschen mit dessen Tode — — — — eine verkehrsfähige Sache, so jedoch, dafs er dem

Rechte und der Sitte gemäfs der Regel nach der Bestattung nicht entzogen werden soll. Römischen Anschauungen ist es freilich nicht entsprechend, den Körper des Toten als Ware zu behandeln.“ Eine ähnliche Anschauung spricht auch Bekker, Pandekten I. S. 288 aus, indem er zwar den Leichnam zu denjenigen Sachen rechnet, die aufserhalb des regelmäfsigen Verkehrs stehen, aber doch Dispositionen, die der Tote zu seinen Lebzeiten getroffen hat, für gültig hält und auch dem Erben weitgehende Privatrechte zugesteht: die rei vindicatio, actio Legis Aquiliae u. a. m.; auch, unter besonderen Umständen, die Veräufserungsbefugnis.

Die Schwierigkeit, die Frage endgültig zu entscheiden, ist wohl hauptsächlich darauf zurückzuführen, dafs uns hier die römischen Quellen vollständig im Stiche lassen. Den römischen, von religiösen Vorstellungen beeinflufsten Anschauungen schien es selbstverständlich, dafs der menschliche Leichnam, der in ältester Zeit göttliche Verehrung genofs, nicht in den Bereich vermögensrechtlicher Beziehungen treten konnte; deshalb wird die Frage in den Quellen — soweit mir bekannt — überhaupt nicht erwähnt. — Anders die moderne Zeit. Täglich sehen wir Leichen in den Besitz von Anatomieen, Museen, Gelehrten übergehen, ohne dafs jemand durch dieses Faktum in seiner Pietät verletzt wird. Und selbst wenn eine solche Verletzung bei einzelnen vorläge, so würde doch dieses für die Rechtsordnung keinen Grund abgeben, die über Leichen zu erlaubten, insbesondere wissenschaftlichen Zwecken abgeschlossenen Rechtsgeschäfte nicht zu schützen. Denn es liegt hier so zu sagen ein Notstand vor, ein Konflikt zwischen dem Interesse der Allgemeinheit, dafs die medizinische Wissenschaft, besonders die Anatomie, die Möglichkeit hat, sich die zu Forschungen und zur Ausbildung der Studierenden nötigen Menschenleichen zu verschaffen, und zwischen dem Gefühl der Pietät, das vielleicht bei einer grofsen, in diesem Falle aber doch wohl nur bei einer beschränkten Anzahl von Rechtssubjekten auftritt. In älterer Zeit, ehe sich die Anatomie entwickelt hatte, fehlte das erstere Interesse, heute haben sich die Anschauungen geändert; wenn die Übergabe eines Leichnams lediglich zu wissenschaftlichen Zwecken geschieht, wird man etwas gegen die guten Sitten Verstoſsendes nicht darin erblicken können. Es ist also zu sagen: durch Willensakt der Berechtigten kann der menschliche Leichnam zum Gegenstand von Privatrechtsverhältnissen werden. Daſs dieses für Leichenteile möglich, ist ohnehin unbestritten.[13])

Dadurch, daſs die Leiche ihrer ursprünglichen Bestimmung — der Beisetzung — entzogen und dem Messer des Anatomen überliefert wird, erleidet sie gleichsam eine capitis deminutio, sie verliert den erhöhten strafrechtlichen Schutz und wird nur noch durch die für Sachen geltenden Schutzmaſsregeln beschirmt; denn sie ist selbst Sache geworden; durch die ihr unter Billigung von seiten der Gesamtheit zugefügte pietätlose Behandlung hat sie aufgehört, Gegenstand der Pietät zu sein: „sie hat den Frieden nicht mehr" (Schütze, Lehrb. des Strafr. 2. Aufl. S. 348). Daſs die an der Leiche durch den Sektor vorgenommenen Verstümmelungen straflos bleiben, versteht sich, denn dieselben werden vorgenommen in erlaubter Ausübung eines Berufes; aber auch solche Handlungen Unberufener, wie Wegnahme, Beschädigung u. s. w., würden nach den Regeln über Diebstahl und Sachbeschädigung zu beurteilen sein.[14])

---

[13]) Die weiteren interessanten sich hieran anschlieſsenden Fragen, z. B. über die Person des Veräuſserungsberechtigten, zu erörtern, würde auſserhalb des Zweckes dieser Arbeit liegen, es sei daher auf die citierten Abhandlungen von Cramer, Kramer und Schultheis verwiesen.

[14]) Ebenso: v. Liszt S. 382; v. Schwarze S. 494; Binding, Handbuch I. 707. „Es ist endlich denkbar, daſs gewisse Gegenstände zwar regelmäſsig nicht, wohl aber ausnahmsweise taugliche Objekte bestimmter Delikte sein sollen: so dürften die Leichen im Besitze der Anatomie dieser

Das von Leichen Gesagte gilt natürlich auch für Skelette.

Eine Degradation des Leichnams zur Sache hat auch stattgefunden bei der Mumie, die deshalb ebenfalls des spezifischen Leichenschutzes entbehrt. Auch hier macht sich die Thatsache geltend, dafs der Leichnam nicht um seiner selbst willen geschützt wird, sondern wegen des Gefühles der Pietät, das er bei der Gesamtheit oder doch der Mehrzahl der Überlebenden erweckt. Von einem solchen werden wir aber bei der Mumie, d. h. dem durch Präparierung mit chemischen Stoffen jahrhundertelang erhaltenen Leichnam, kaum sprechen; wir erblicken in ihr weniger den toten Menschen, als das Kuriosum; sehr treffend bemerkt Cramer (S. 20), dafs an einer solchen „gleichsam Zeit und Menschenhand eine Spezifikation vorgenommen“ habe.[15]) Allerdings erscheint es nicht ausgeschlossen, dafs unter gewissen, ganz besonderen Umständen auch mumifizierte Leichen unter dem erhöhten strafrechtlichen Schutze des §. 168 stehen, wenn sich nämlich das Gefühl der Pietät für sie noch in einem gröfseren Kreise von Menschen erhalten hat; dieses wäre möglich bei Leichen von Fürsten, Heiligen der katholischen Kirche und berühmten Persönlichkeiten.

Wir haben somit eine Anzahl von Kategorieen von Leichen, die von den Bestimmungen des §. 168 nicht betroffen werden. Jeder Leichnam aber, der nicht zu einer der erwähnten Aus-

---

eigentümlich gehören, ihr also durch Diebstahl und Unterschlagung entwendet werden können.“ — Schütze S. 348; Hälschner II. S. 717; Geyer, Grundrifs S. 92; Kramer S. 47; Rüdorff-Stenglein, Kommentar 3. Aufl. S. 411; Oppenhoff, Kommentar 11. Aufl. S. 404; Wahlberg in v. Holtzendorffs Handb. des Strafr. III. 271. — A. M.: Olshausen S. 681; Mittelstein S. 179; Cramer S. 59.

[15]) Derselben Ansicht sind: v. Liszt S. 382; v. Schwarze S. 494; Mittelstein S. 180; Cramer S. 20; auch wohl Kramer S. 46. — A. M.: Olshausen S. 681. — Nach der Ansicht von Villnow („Vergehen, welche sich auf die Religion beziehen“ im Gerichtssaal XXXI) S. 525 ist die Wegnahme einer Mumie deshalb nicht strafbar, weil hier „das, was sich erhalten hat, lediglich das menschliche Präparat und nicht der von Gott erschaffene Körper“ ist.

nahmen gehört, fällt unter die Bestimmungen dieses §., ist mit anderen Worten Leichnam im Sinne des StGB. Alle anderen in der Litteratur aufgestellten Einschränkungen des Begriffes sind daher zurückzuweisen. Von denselben sind folgende besonders hervorzuheben.

1. Die Ansicht, dafs nur der bereits zur ewigen Ruhe bestattete Leichnam unter den ersten Teil des §. 168 falle. (v. Liszt S. 382). Dafs der noch nicht beerdigte tote Mensch eine Leiche im Sinne des gewöhnlichen Sprachgebrauches sei, ist unbestreitbar, eine Einschränkung des Begriffs nach dieser Richtung ergiebt sich aber kaum aus dem Wortlaut des §., derselbe bedroht mit Strafe: die unbefugte Wegnahme einer Leiche aus dem Gewahrsam der dazu berechtigten Person; nicht nur die bereits beerdigte, sondern auch die an irgend einem Orte, z. B. im Trauerhause aufgebahrte Leiche steht im Gewahrsam einer dazu berechtigten Person oder kann wenigstens darin stehen; die unbefugte Wegnahme derselben würde daher vollständig den Thatbestand des §. 168 erfüllen, obwohl die Leiche noch nicht zur ewigen Ruhe bestattet ist.[16])

2. In gleicher Weise ist die entgegengesetzte Meinung nicht haltbar, dafs unter Leichnam i. S. des §. 168 nur derjenige zu begreifen sei, dessen Bestattung noch erfolgen solle. (Rubo S. 676. Cramer S. 20.) Denn die entseelte Hülle hört mit der Beisetzung weder auf, Leiche, noch Gegenstand der Pietät zu sein; die Rechtsordnung selbst widerspricht dieser Auffassung dadurch, dafs sie den Ort, wo der Tote seine Ruhestätte gefunden hat, gerade dieser Thatsache wegen besonders schützt. Die Ansicht Cramers, dafs der bestattete Leichnam einen integrierenden Teil des Erdbodens bilde, aber durch Wiederausgraben von neuem Leichnam werde, ist gekünstelt und entspricht nicht der gesunden Auffassung. Auch widerspricht

---

16) Ebenso: Olshausen S. 681.

sich Cramer selbst, indem er wenige Zeilen weiter sagt: „Das Charakteristische des Leichnams liegt darin, dafs noch eine tote Hülle vorhanden ist, also noch fleischliche Überreste, nicht blofs Knochen.“ Danach liegt auch für Cramer keine Veranlassung vor, den beerdigten toten Körper von dem Schutze des §. 168 auszunehmen. Dafs derselbe in dem Gewahrsam irgend einer Person zu stehen pflegt, ist wohl unbestritten, wenn auch über die Frage nach dem Gewahrsamsinhaber die gröfsten Meinungsverschiedenheiten herrschen.

Nicht erforderlich ist vollständige Unversehrtheit des Leichnams; durch das Fehlen einzelner Glieder, wie der beiden Arme oder der beiden Beine, hört derselbe nicht auf, Leichnam zu sein. Nur darf die Zerstückelung nicht so weit gehen, dafs die Bezeichnung des Restes als „Körper“ sprachwidrig erscheinen würde; insbesondere wird Vorhandensein des Kopfes und Rumpfes gefordert werden müssen.[17]) Ob die Abtrennung vor oder nach Eintritt des Todes geschah, ist gleichgültig. Hat eine völlige Zerstückelung des Körpers stattgefunden, so kann man nur von Leichenteilen sprechen, die alsdann unter §. 367. 1 fallen.

§. 8.

2. Der Gewahrsam an einer Leiche im Sinne des §. 168.

Der §. 168 enthält eine Strafandrohung gegen die Wegnahme einer Leiche aus dem Gewahrsam der dazu berechtigten Person. Es fragt sich: 1) was ist unter Gewahrsam zu verstehen? und 2) wer ist zum Gewahrsam an einer Leiche berechtigt?

I. Es ist nicht immer thunlich, Begriffe, die vorwiegend dem Privatrecht angehören, ohne Modifizierung in das Strafrecht hinüberzunehmen. Dieses gilt für die Begriffe: Notstand, Schuld, Irrtum u. s. w., auch für „Gewahrsam“.

---

[17]) Ebenso: Villnow S. 585.

Im gem. Zivilrecht bedeutet Gewahrsam oder Detention: „das Machtverhältnis über eine Sache, welches des possessorischen Schutzes entbehrt.“ [1]) Diese Definition ist auf den Gewahrsam an Leichen nicht anzuwenden. Denn vermöge ihrer besonderen Beschaffenheit sind dieselben in der Regel überhaupt nicht bestimmt, Gegenstand irgend welcher Machtäufserungen zu werden. Die einzigen, bestimmungsgemäfs an einer Leiche vorzunehmenden Handlungen sind die Beerdigung und die diesen vorangehenden Vorbereitungshandlungen. Die Aufgabe der Rechtsordnung in Bezug auf den Leichnam mufs es sein, Störungen des Totenfriedens zu verhindern; daher untersagt sie auch demjenigen, der den Gewahrsam an einer Leiche hat, jede Vornahme von Handlungen an derselben, mit Ausnahme der seltenen Fälle, wo solche aus Rücksicht auf öffentliche Interessen geboten scheinen. Man mufs daher sagen: den Gewahrsam an einer Leiche hat derjenige, in dessen spezieller Obhut sich dieselbe befindet. [2]) Es sind zwei Stadien zu unterscheiden:

1. Der Gewahrsam an der Leiche vom Eintritt des Todes bis zur Beisetzung. Die Leiche befindet sich regelmäfsig im Gewahrsam desjenigen, der — juristisch oder moralisch — verpflichtet ist, für die Beerdigung Sorge zu tragen, vorausgesetzt, dafs derselbe in der Lage ist, den Gewahrsam auch thatsächlich auszuüben. Die Person des zur Beerdigung rechtlich Verpflichteten bestimmt sich nach Landesrecht. Das ALR. II. Titel 1 §. 434 legt dem überlebenden Ehegatten auf, für die Bestattung zu sorgen; nach gemeinem Recht liegt diese

---

[1]) Dernburg, Pand. I. S. 396.

[2]) Villnow S. 584. „Gewahrsam ist das thatsächliche Innehaben der Leiche ohne die Absicht, sie für sich zu haben.“ Derselbe ist hier also ein ganz anderer als der Gewahrsam beim Diebstahl, der (nach v. Liszt S. 408) „die thatsächliche Herrschaft über die Sache, verbunden mit dem erkennbar gemachten Willen, die eigne Herrschaft unter Ausschlufs anderer geltend zu machen“ ist. Der Unterschied beruht auf der eigenartigen Natur des Leichnams.

Pflicht vor allem demjenigen ob, der sie durch Vertrag übernommen hat (Begräbnisvereinen, Sterbekassen z. B.), dem unter diesem modus bedachten Erben oder Vermächtnisnehmer, dem Erben als solchem, dem Ehegatten, endlich subsidiär — nach heutiger Praxis — jedem, der dem Verstorbenen, wenn er lebte, eventuell Alimente schulden würde. Von diesem letzteren Gesichtspunkte aus sind auch als verpflichtet anzusehen: die Hospitalverwaltung für die im Hospital, der Staat oder die Gemeinden für die in Gefängnissen, Armenhäusern, Kasernen und anderen Instituten verstorbenen Personen. Sind diese Personen aufser stande, den Gewahrsam selbst auszuüben, etwa weil sie vom Orte des Todesfalles abwesend sind, so können andere mit oder ohne Vollmacht sie vertreten. Hierher würde z. B. der Fall gehören, dafs ein einsam nur mit seinem Diener wohnender Junggeselle stirbt; hier hat der Diener den Gewahrsam, bis die Familie oder die zuständige Behörde interveniert. Wo bereits vor der Beisetzung eine Überführung der Leiche auf den Friedhof (in eigens hierzu errichtete Leichenhallen) stattfindet, erhält der Eigentümer des Kirchhofs den Gewahrsam, wie überhaupt jede Überführung der Leiche an einen anderen Ort eine Veränderung in der Person des Gewahrsamsinhabers zur Folge haben kann.

Jede Wegnahme der Leiche aus dem Gewahrsam einer der bezeichneten Personen würde nach §. 168 strafbar sein, vorausgesetzt, dafs dieselben zum Gewahrsam auch berechtigt sind.

Sehr wohl möglich und durchaus nicht selten ist es, dafs ein toter Körper zunächst in niemandes Gewahrsam ist, wie die Leiche eines auf der Landstrafse oder im Walde einsam Verstorbenen; da das Gesetz ausdrücklich Wegnahme aus dem Gewahrsam verlangt, sind dieselben als nach positivem Recht schutzlos anzusehen, denn der Gewahrsam, als etwas rein Thatsächliches, wird erst durch eine bestimmte Handlung erlangt und tritt nicht kraft eines Rechtes ipso iure ein. Dieser

Ansicht sind auch: von Liszt S. 383, H. Meyer S. 1016, Cramer S. 57, während Olshausen S. 681 und Puchelt S. 195 die Wegnahme solcher Leichen nach §. 367. 1 strafen; letzteres scheint mir auf einer gewaltsamen Interpretation zu beruhen, da dieser Paragraph nur von der Wegnahme von Leichenteilen handelt, eine unversehrte Leiche aber nie als eine Mehrheit von Leichenteilen bezeichnet werden kann. Oppenhoff S. 404 nimmt Gewahrsam der Polizeibehörde an; ähnlich Hälschner II. 717, der überhaupt leugnet, dafs es Leichen giebt, die in niemandes Gewahrsam stehen. Von Gewahrsam kann man aber doch nur sprechen, wenn ein thatsächliches Verhältnis zwischen dem Gewahrsamsinhaber und der Sache vorhanden ist; ein solches aber dürfte zwischen der im Walde vermodernden Leiche und der hiervon nichts ahnenden Polizeibehörde nur schwer zu konstruieren sein. Nach Villnow S. 526 fallen derartige Leichen nicht unter §. 168, „weil es Pflicht eines jeden ist, sie an sich zu nehmen und zu wahren". Wie nun aber, wenn jemand eine solche Leiche an sich nimmt, z. B., um daraus chemische Stoffe zu gewinnen?

Alle Handlungen, die der zum Gewahrsam Berechtigte selbst an der Leiche vornimmt, fallen nicht unter die Strafandrohung; derselbe kann also nicht bestraft werden, wenn er den Leichnam, der sich in seinem Gewahrsam befindet, zerstückelt oder zu gewinnsüchtigen Zwecken mifsbraucht, so verwerflich diese Handlungen auch vom Standpunkt der Sittlichkeit sein mögen.[3]) Es liegt hierin ein Argument dafür, dafs von dem Erfordernis der Berechtigung zum Gewahrsam de lege ferenda am besten völlig abzusehen wäre.

Dafs der Gesetzgeber gerade den Ausdruck Gewahrsam (nicht etwa Eigentum oder Besitz) gewählt hat, ist wohl daraus zu erklären, dafs bei der Unfähigkeit des Leichnams, für ge-

---

[3]) Meves. Das RStGB. in seinem Verhältnis zur Religion. Gerichtssaal XXVII S. 367.

wöhnlich Gegenstand von Privatrechten zu sein, der schwächste Ausdruck der angemessenste zu sein schien. De lege ferenda empfiehlt es sich, wie gesagt, das Ansichnehmen eines Leichnams schlechthin, ohne Rücksicht auf etwa vorhandenen Gewahrsam, zu bestrafen; soll aber ein derartiges Erfordernis beibehalten werden, so wäre Gewahrsam besser durch Obhut zu ersetzen, um jede Verwechslung mit dem beim Diebstahl vorkommenden Gewahrsam zu vermeiden.

2. Mit dem Augenblicke der Beisetzung geht der Gewahrsam auf denjenigen über, dem die spezielle Aufsicht über das Grab obliegt. Dieses ist in der Regel die juristische Person, welche Eigentümerin des Kirchhofes ist, also die bürgerliche oder kirchliche Gemeinde. Dieselbe ist zunächst verpflichtet, die Ruhestätte vor störenden Einflüssen zu bewahren; sie thut dieses durch ihre Beamten, die sie mit der thatsächlichen Ausübung des Gewahrsams betraut. Dieselben haben ebenfalls den Gewahrsam, sind also nicht fähig, an den ihnen anvertrauten Leichen das Delikt des §. 168 zu begehen, können sich aber wohl eines Amtsdelikts schuldig machen.[4])

Die auf einem öffentlichen Beisetzungsorte beerdigte Leiche, mag derselbe einer kirchlichen oder bürgerlichen Gemeinde oder einer andersartigen juristischen Person gehören, steht immer im Gewahrsam desjenigen, der Eigentümer des ganzen Begräbnisplatzes ist; der Eigentümer der einzelnen Grabstelle auf einem solchen hat nie Gewahrsam an der Leiche, falls nicht etwa nur ihm der Zutritt zu derselben möglich ist, wie bei verschlossenen Erbbegräbnissen oder vermauerten Grabgewölben.[5])

---

[4]) Ebenso: v. Liszt S. 383; v. Schwarze S. 494; Geyer S. 92. — Dagegen: Olshausen S. 681; Oppenhoff S. 404; Villnow S. 584; Meves S. 368, („da diesen Personen keins der aus dem Gewahrsam herzuleitenden Rechte an dem Kirchhofe zustehe“; das läſst sich bezweifeln: der Kirchhofswärter hat doch wohl das Recht, Unbefugten den Eintritt zu verwehren).

[5]) Vgl. Olshausen S. 681.

Dagegen ist der Eigentümer der Grabstelle zugleich Detentor, wenn sich dieselbe auf seinem Grund und Boden befindet, ihm eigentümlich gehört oder infolge eines dinglichen Nutzungsrechts seiner unmittelbaren Verfügung untersteht. Geht aber das Eigentum und der Besitz derselben auf eine andere Person über, so erhält diese damit auch den Gewahrsam an der Leiche.

II. Auf die Frage: Wer ist berechtigt, den Gewahrsam an einer Leiche zu haben? giebt das Privatrecht keine allgemein gültige Antwort. Das Richtige dürfte aber etwa folgendes sein: Das Recht auf den Gewahrsam steht demjenigen zu, welcher nach Landesrecht verpflichtet ist, für die Bestattung zu sorgen. Denn stände anderen Personen die Berechtigung zu, so würde der Fall eintreten können, dafs der zur Besorgung des Begräbnisses Verpflichtete seine Schuldigkeit nicht thun kann, weil ihm die thatsächliche Verfügung über den Leichnam unmöglich ist; denn auch vermittelst einer Klage kann er den Gewahrsam nicht erlangen, da er kein Recht hat, auf das er sich stützen kann. Es ist aufserdem eine im Recht regelmäfsig wiederkehrende Erscheinung, dafs einer Verpflichtung eine Berechtigung entspricht.

Die Person des Berechtigten ergiebt sich daher aus dem oben über die Beerdigungspflicht Gesagten. Sind mehrere vorhanden, z. B. mehrere Kinder oder mehrere Testamentserben, so teilen sie sich solidarisch in das Recht auf den Gewahrsam; Prävention entscheidet.[6])

Dafs diese Reihenfolge sich auf irgend eine positive Vorschrift des geltenden Rechts zurückführen liefse, soll nicht behauptet werden; immerhin erscheint sie als die natürlichste. Streitigkeiten über den Gewahrsam an Leichen gehören glücklicherweise zu den Seltenheiten, kommen aber doch hier und da vor, besonders zwischen dem Ehegatten und dem Vater der verstorbenen Person. Cramer, in seiner mehrfach erwähnten

[6]) Villnow S. 484 bezeichnet als Berechtigte: die nahen Verwandten vor, die Gemeinde nach dem Begräbnis.

Abhandlung, führt einen im Jahre 1874 vor dem Tribunale civile und in der Berufungsinstanz vor der Corte di appello zu Neapel verhandelten Fall an, der von einem der Beteiligten: Francesco Saverio Correra veröffentlicht worden ist in der Abhandlung: „Intorno al dritto del padre a reclamare il cadavere della figlia maritata, e morta senza prole, e senza testamento". Hier hat zwar die Berufungsinstanz nicht dem Ehegatten, sondern dem Vater der Verstorbenen den Leichnam zugesprochen, aber wohl nur mit Rücksicht auf die Besonderheiten des vorliegenden Falles: unglückliche, kurze und kinderlose Ehe, grofse Liebe der Eltern zur Tochter, Vorhandensein einer Familiengruft auf seite der Aszendenten, ärmliche, pietätlose Bestattung durch den Mann. [7])

Cramer ist der Ansicht, dafs eine generelle gesetzliche Regelung der Frage, wer das Recht auf die Bestattung einer Person hat (das also identisch ist mit dem auf den Gewahrsam an der Leiche), nicht wünschenswert sei. Er begründet dieses damit, dafs Streitigkeiten selten vorkommen und leicht Härten eintreten können, wofür er den Fall Correra als Beispiel anführt. Ich möchte mich dieser Ansicht nicht anschliefsen; die Seltenheit des Vorkommens ist nicht ausschlaggebend und Härten könnte der Gesetzgeber dadurch vermeiden, dafs er in besonderen Fällen dem billigen Ermessen des Richters die Entscheidung überweist. Dagegen ist Cramer darin völlig beizustimmen, dafs bei Beantwortung der Frage der ethische Charakter des Streites über das Bestattungsrecht und die Erbenqualität stets zu berücksichtigen sind.

Das Recht der nächsten Angehörigen kann ausgeschlossen sein durch anderweite Berechtigungen. So haben stellenweise Gefängnisse und Krankenhäuser das Recht, über die in ihren Räumen Verstorbenen zu wissenschaftlichen Zwecken zu ver-

---

[7]) Da mir die betr. Schrift nicht zur Verfügung steht, entnehme ich der Abhandlung von Cramer das darüber Angegebene.

fügen; auch bei den Leichen von Selbstmördern finden nicht selten ähnliche Beschränkungen statt. Dagegen ist der Leichnam eines auf Grund strafrichterlichen Urteils Hingerichteten den Angehörigen desselben auf Verlangen zur einfachen, ohne Feierlichkeiten vorzunehmenden Beerdigung zu verabfolgen.[8])

Mit der Beisetzung des Leichnams geht nicht nur faktisch sondern auch rechtlich der Gewahrsam auf den Eigentümer des Begräbnisplatzes über; die Entwendung des Leichnams eines Angehörigen aus dem Grabe würde daher nach §. 168 zu strafen sein. Exhumierungen von Leichen bedürfen, mit Rücksicht auf die möglicherweise damit verbundene Gesundheitsgefährdung, in der Regel polizeilicher Erlaubnis.[9]) Die Zulässigkeit derselben im strafprozessualischen Interesse ist durch RStPO. §. 87 Abs. 3 ausdrücklich festgestellt.

Der §. 168 des StGB. setzt voraus Wegnahme des Leichnams aus dem Gewahrsam der dazu berechtigten Person; Wegnahme aus dem Gewahrsam eines Nichtberechtigten, z. B. desjenigen, der ihn dem Berechtigten weggenommen hat, mufs daher straflos bleiben, da sie auch nicht unter §. 367. 1 fällt (siehe oben S. 44). De lege ferenda würde es sich empfehlen, auch das Erfordernis der Berechtigung ganz fallen zu lassen. Denn das Delikt des §. 168 ist nicht als gegen das Recht des Gewahrsamsberechtigten gerichtet aufzufassen, sondern erhält seinen strafbaren Charakter durch die in ihm sich aussprechende Mifsachtung der Pietät der Überlebenden, die nicht danach fragen, ob der Gewahrsamsinhaber auch zu demselben berechtigt war, sondern schon in der Wegnahme an sich eine

---

[8]) RStPO. §. 486. 5. Die gleiche Bestimmung enthält Tit. Dig. De cadaveribus punitorum. fr. 1 (Ulpian): Corpora eorum qui capite damnantur, cognatis ipsorum neganda non sunt.... Eorum quoque corpora qui exurendi damnantur, peti possunt: scilicet ut ossa et cineres collecta sepulturae tradi possunt.

[9]) Schon im römischen Rechte finden sich Vorschriften über Exhumierung von Leichen, z. B. l. 3 §. 4 D. 47. 12.

Rechtsverletzung erblicken. Mit anderen Worten: für die Rechtswidrigkeit der Wegnahme ist das Recht des Detentors gleichgültig, es ist daher zwecklos, die Bestrafung des Thäters davon abhängig zu machen.

§. 9.

3. Die Wegnahme der Leiche.

Das Delikt des §. 168 wird ausgeführt durch eine Wegnahme — „wer unbefugt eine Leiche aus dem Gewahrsam der dazu berechtigten Person wegnimmt" —; im einzelnen ist über dieselbe folgendes zu bemerken:

1. Unter Wegnahme ist jede Handlung zu verstehen, durch welche dem Gewahrsamsinhaber die Ausübung derselben unmöglich gemacht wird, nur mufs zwischen dem Thäter und der Leiche durch die That eine körperliche Beziehung hergestellt sein.[1]) Das Bewirken einer räumlichen Veränderung an der Leiche, z. B. ein Wegtragen derselben, ist nicht unbedingt zu erfordern, es würde z. B. ein Zerstören auf Ort und Stelle, etwa durch Verbrennen, ausreichen. Nicht genügend sein würde z. B.: Abziehen des Zimmerschlüssels, Verhinderung des Gewahrsamsberechtigten am Zugang zu der Leiche — es fehlt hier die räumliche Beziehung zwischen Subjekt und Objekt[1]) — auch nicht jede Veränderung in der Lage der Leiche, welche dem Berechtigten den Gewahrsam beläfst.

2. Dafs durch die Wegnahme der Thäter selbst den Gewahrsam erlangt, ist nicht erforderlich und wird auch häufig nicht der Fall sein. Wer einen Leichnam an sich nimmt, um ihn in den Flufs zu werfen, ist nicht weniger strafbar, als der-

---

[1]) Ähnlich Villnow S. 584, der unter Wegnehmen jede Handlung versteht, „durch welche die Gewahrsam der dazu berechtigten Person entzogen wird", aber die Herstellung der räumlichen Beziehung nicht ausdrücklich verlangt.

jenige, der ihn zu gewerblichen Zwecken (etwa zur Herstellung von Knochenmehl) verwenden will.

3. Voraussetzung ist, dafs die Wegnahme unbefugterweise — d. h. ohne dafs der Thäter ein Recht zur Wegnahme hatte — geschah und dafs der Thäter das Bewufstsein der mangelnden Befugnis hatte. Die Strafbarkeit ist daher ausgeschlossen, sobald der Wegnehmende zu der Wegnahme befugt war, etwa kraft Amtes oder Auftrags oder infolge der ihm zustehenden Berechtigung zum Gewahrsam an der Leiche (vgl. den vorhergehenden §.), falls dieselbe das Recht der Wegnahme in sich schliefst, was allerdings nicht häufig der Fall sein wird. Der Widerspruch, ja selbst der Widerstand des unberechtigten Gewahrsamsinhabers würde in diesem Falle ohne rechtliche Bedeutung sein.

4. Dafs die Wegnahme heimlich geschehe, ist hier ebensowenig notwendig, wie beim Diebstahl. Während aber die Anwendung von Gewalt oder Drohungen den letzteren unter Umständen ausschliefst und an dessen Stelle ein neues Delikt — den Raub — treten läfst, kann das Delikt des §. 168 auch unter Anwendung dieser Mittel begangen werden, eventuell würde Idealkonkurrenz zwischen Leichendiebstahl und Nötigung sowie Hausfriedensbruch u. s. w. vorliegen.

5. Ganz gleichgültig ist das Motiv, durch welches der Thäter bestimmt worden ist — Hafs gegen den Toten oder dessen überlebende Angehörige — und der Zweck, den er im Auge gehabt hat: Kränkung der Überlebenden oder gewinnsüchtige Verwertung des Leichnams. Jedoch wird die aus beiden Momenten sich ergebende rohe und niedrige Gesinnung des Thäters u. U. strafschärfend ins Gewicht fallen; insbesondere ist die Aberkennung der bürgerlichen Ehrenrechte vom Gesetzgeber wohl für derartige Fälle möglich gemacht. Auch die Absicht rechtswidriger Zueignung — die beim Diebstahl Thatbestandsmoment ist — braucht nicht vorzuliegen.

§. 10.

Anhang: Der Diebstahl von Leichen.

Das Delikt des §. 168 wird meist unrichtigerweise als „Leichendiebstahl“ bezeichnet; ein eigentlicher Diebstahl i. S. des §. 242 braucht aber bei der Wegnahme einer Leiche nicht vorzuliegen, denn weder die Absicht rechtswidriger Zueignung der Leiche noch die Erlangung des eignen Gewahrsams an derselben sind notwendige Erfordernisse des Delikts. Die Frage, ob ein eigentlicher Diebstahl am Leichnam überhaupt verübt werden könne, ist zu den verschiedenen Zeiten in verschiedener Weise beantwortet worden, je nachdem man in der Leiche lediglich das leblose Stück der Aufsenwelt, also die Sache, oder den Gegenstand der Pietät sah. Die deutschen Partikularrechte nehmen durchgängig Diebstahl als möglich an, erst das Preufsische StGB. von 1851 betont entschieden den letzteren Standpunkt und stellt die Wegnahme von Leichen als Delictum sui generis unter Strafe; ihm ist das RStGB. gefolgt.

Nach dem in den vorigen §§. Gesagten ergiebt sich die Antwort auf die Frage von selbst. Solange der Leichnam nicht seiner bestimmungsgemäfsen Verwendung, der Überführung zur ewigen Ruhe, durch einen — nicht verbotenen — Akt menschlicher Willkür entzogen ist, solange fehlt ihm die Fähigkeit, Gegenstand von privatrechtlichen Befugnissen, also auch von Eigentumsrechten zu sein. Da nun die Eigentumsdelikte nur an solchen Sachen begangen werden können, die auch thatsächlich im Eigentume jemandes stehen, so ist der Leichnam unfähig, Objekt dieser Arten von strafbaren Handlungen zu sein. Wird er aber auf irgend eine Weise zur Sache degradiert, so unterscheidet er sich auch in seinem strafrechtlichen Schutz nicht mehr von anderen Sachen; besteht also an ihm ein Eigentum, so ist Diebstahl möglich.[1]) Diese Art der Wegnahme einer Leiche bildet aber keine Pietätsverletzung, gehört daher auch nicht unmittelbar zum Thema und wird deshalb nur anhangsweise behandelt.

§. 11.

b. Die Wegnahme von Leichenteilen §. 367. 1.

I. Das RStGB. hat die gegen Leichen begangenen strafbaren Handlungen im Allgemeinen unter die Religionsdelikte eingereiht, hiervon jedoch eine Ausnahme gemacht, indem es die Wegnahme von Teilen einer Leiche im §. 367 Nr. 1 unter den Übertretungen behandelt. Systematisch läſst sich diese Abweichung nicht rechtfertigen; das Gefühl der Pietät wird vielleicht in viel höherem Grade dadurch verletzt, daſs einer Leiche ein einzelnes Glied abgeschnitten wird, als wenn dieselbe vollständig weggenommen wird. Der Grund für dieselbe ist vielmehr lediglich ein kriminalpolitischer; es sollten Ärzte und Studierende, die sich aus wissenschaftlichem Interesse unerlaubterweise einzelne Leichenteile zu Studienzwecken verschafft hatten, zwar nicht straflos bleiben, aber doch mit der — für solche Fälle zu hart erscheinenden — Gefängnisstrafe verschont werden.[1]) Diese Erwägung verdient entschieden Beachtung,

---

[1]) Die im Texte vertretene Ansicht darf als die herrschende bezeichnet werden; übereinstimmend: v. Liszt S. 383; v. Schwarze S. 494; Rüdorff-Stenglein S. 411; Oppenhoff S. 404; Wahlberg S. 271; Hälschner II. 717; Binding, Handb. S. 707; Geyer S. 92; Kramer S. 47; Meves S. 364. — Abweichend nur Mittelstein S. 179, nach dessen Ansicht die achtungsvolle Scheu der Menschen vor der Leiche die Möglichkeit des Diebstahls unter allen Umständen ausschlieſst; diese Auffassung wird den thatsächlichen Verhältnissen nicht gerecht; auſserdem Merkel (in von Holtzendorffs Rechtslex. „Diebstahl"), weil eine Leiche sich nicht im Eigentum befinde.

[1]) Der am 14. II. 1870 dem Reichstage vorgelegte Entwurf eines StGB. für den Nordd. Bund faſste im §. 166 die Wegnahme von Leichen und Leichenteilen zusammen und bedrohte beide mit Gefängnis bis zu

nur hätte der Gesetzgeber es nicht unterlassen sollen, das nicht unehrenhafte Motiv zum Thatbestandsmerkmal zu machen, da nach der jetzigen Fassung des §. auch die verwerflichsten Fälle der Leichenschändung und Leichenverstümmelung (wie Abschneidung der Genitalien u. s. w.) nur mit Übertretungsstrafe zu belegen sind, für welche schärfere Strafandrohungen zweifellos am Platze wären.

II. Die einschlägige Bestimmung der Nr. 1 des §. 367 lautet: Mit Geldstrafe bis zu 150 Mark oder mit Haft wird bestraft: .... wer unbefugt einen Teil einer Leiche aus dem Gewahrsam der dazu berechtigten Personen wegnimmt.

Die Bestimmung bezieht sich lediglich auf Leichenteile, unrichtig ist es daher (wie schon früher erwähnt), jede Wegnahme einer ganzen Leiche, die nicht unter §. 168 subsumiert werden kann, nach §. 367. 1 strafen zu wollen.

Leichenteil ist jedes von einem Leichnam abgetrennte Stück, also vor allem die Extremitäten und der Kopf, aber auch kleinere Teile, wie: Haare, Zähne, Hautstücke, Knochen. Wann eine ganze Leiche, wann ein Leichenteil vorliegt, ist quaestio facti, es gilt hierfür das gelegentlich der Definition von „Leichnam“ Gesagte.

Zuständig für die Aburteilung des Delikts ist das Schöffengericht (GVG. §. 27. 1). Im übrigen sind alle Begriffsbestimmungen dieselben wie für den §. 168, insbesondere gilt das über Gewahrsam, Berechtigung zu demselben, Wegnahme und Mangel der Befugnis hierzu Gesagte auch für diesen Fall. Dafs der

---

2 Jahre und fakultativem Ehrverlust; die Milderung für das letztere Vergehen wurde erst eingeführt auf Grund des von der Kgl. Wissenschaftlichen Deputation für das Medizinalwesen erstatteten Gutachtens. Vgl. Anlage III zu den Motiven eines StGB. für den Nordd. Bund „Erörterung strafrechtlicher Fragen aus dem Gebiete der gerichtlichen Medizin“ S. XVIII.

Gesetzgeber, anstatt wie im §. 168 von der zum Gewahrsam berechtigten Person, hier von „Personen“ spricht, ist wohl als ein Redaktionsversehen aufzufassen und hat keinerlei materielle Bedeutung.

II. Strafbare Handlungen, begangen an dem Orte, an welchem die Leiche ihre Ruhestätte gefunden hat.

§. 12.

a. Einleitung. — Zerstörung und Beschädigung eines Grabes.

Nicht nur durch jede rohe Behandlung des Leichnams selbst wird das Pietätsgefühl der Überlebenden verletzt, sondern dieser Erfolg kann eintreten bei jeder rohen oder auch nur unangemessenen Handlung, wenn dieselbe in der Umgebung des Ortes verübt wird, wo eine Leiche ihre Ruhestätte gefunden hat, und dieselbe beweist, dafs der Thäter die von zivilisierten Völkern der entseelten Hülle eines Menschen zugesprochene Ehrfurcht aufser acht läfst. Von diesem Gesichtspunkte aus stellt das RStGB. im §. 168 zwei weitere Thatbestände unter Strafe, nämlich 1) die Zerstörung oder Beschädigung eines Grabes; 2) die Verübung von beschimpfendem Unfug an einem Grabe und 3) — im §. 166 am Ende — die Verübung von beschimpfendem Unfug an einem zu religiösen Versammlungen bestimmten Orte. Durch die unter Z. 3 erwähnte Handlung kann die Totenruhe gestört werden, wenn dieselbe auf einem Begräbnisplatze vorgenommen wird.

Das für die Aburteilung zuständige Gericht ist in allen drei Fällen die Strafkammer des Landgerichts (GVG. §. 73. 1). Die Strafe ist für die unter 1) und 2) erwähnten Fälle die gleiche wie für die Wegnahme einer Leiche, für den Fall Nr. 3) Gefängnis bis zu 3 Jahren (StGB. §. 166).

Für das erste Delikt, die Zerstörung und Beschädigung eines Grabes, sind vor allem zwei Fragen zu beantworten: was versteht man unter Grab? und: worin bestehen Zerstörung und Beschädigung?

§. 13.

I. Der (strafrechtliche) Begriff des Grabes.

I. Grab im Sinne des gewöhnlichen Sprachgebrauchs ist die äufserlich erkennbare Stelle, an welcher ein menschlicher Leichnam zur vorläufigen oder dauernden Ruhe beigesetzt werden soll oder bereits beigesetzt worden ist.[1])

Grab hängt zusammen mit graben einerseits, mit Grube und Gruft anderseits und bedeutet ursprünglich eine in die Erde gegrabene Vertiefung zur Beerdigung eines Toten, dann aber jeden Ort, wo jemand begraben oder überhaupt beigesetzt ist.

II. Die gegebene Definition ist die des allgemeinen Sprachgebrauchs und mufs, um für das Strafrecht zutreffend zu sein, nach zwei Richtungen hin eingeschränkt werden. Das Recht schützt das Grab nicht seiner selbst wegen, sondern um die „Wahrung der Totenruhe" zu bewirken, um zu verhindern, dafs durch unangemessene Behandlung des Grabes ein immaterielles Rechtsgut der Überlebenden, die Pietät, verletzt werde. Wo daher dieses letztere nicht zu befürchten ist, da verliert der erhöhte strafrechtliche Schutz seinen Grund. Daher sind zwei Kategorieen von Gräbern aufzuführen, die zwar der gegebenen

---

[1]) Vgl. Sanders, Wörterbuch der Deutschen Sprache I. S. 612, 613. (Die betr. Abteilung von Grimms Wörterbuch ist noch nicht erschienen.) Kramer S. 52, 83 definiert — bereits mit Rücksicht auf das StGB. — „eine äufserlich erkennbare Stelle, an welcher eine Leiche zum Zwecke der Ruhe niedergelegt ist"; ebenso dem Sinne nach übereinstimmend die gem. Meinung; abweichend nur Oppenhoff S. 404, der Niederlegung zur dauernden Ruhe verlangt.

Begriffsbestimmung entsprechen, aber doch nicht intensiver geschützt sind als andere Sachen: solche, die mit der entseelten menschlichen Hülle noch in keine Berührung getreten sind, die also erst in der Zukunft zu Bestattungszwecken dienen sollen — und solche, die zwar einen Leichnam aufgenommen haben, bei denen aber der Ablauf einer langen Zeit den Gedanken an die ursprüngliche Bestimmung im Bewufstsein der lebenden Generation ausgelöscht hat, so dafs dieselbe irgendwelches Gefühl der Pietät nicht mehr mit dem Grabe verbindet. Zu dieser letzteren Kategorie gehören vor allem die Hünengräber, die sich zu den eigentlichen Gräbern ähnlich verhalten, wie die Mumie zur Leiche. Darüber, dafs für die ihnen zugefügten Beschädigungen nur die für den Schutz aller anderen Sachgüter gegebenen Bestimmungen Platz greifen, herrscht völlige Einstimmigkeit. Man sieht auch in ihnen mehr das Kuriosum, als die durch die Beisetzung geweihte Stätte.[2]) Ein Gleiches gilt auch für eine solche Grabstätte, die wir zwar nicht als Hünengrab bezeichnen können, die aber doch mehr den Charakter eines historischen Monumentes als den eines Totenruheplatzes trägt, wie die ägyptischen Pyramiden, die römischen Katakomben, die Grabmäler, welche die Via Appia an beiden Seiten begrenzen, von denen das der Cäcilia Metella das bekannteste ist, u. a. m. Natürlich genügt es nicht, um ein Grab des höheren Schutzes zu berauben, dafs von der Familie des darin Begrabenen niemand mehr am Leben ist, oder dafs sich von der jetzigen Generation kein Mitglied mehr seiner erinnert; vielmehr ist Ablauf eines bedeutenden Zeitraumes zu erfordern, über dessen Dauer sich allgemeine Regeln nicht aufstellen lassen.

III. Dagegen sind alle Gräber — im Sinne der Definition

---

[2]) Meves S. 369 sieht das Charakteristikum des Hünengrabes darin, dafs die Leiche in der Grube fehlt; es wäre aber sehr wohl denkbar, dafs sich dieselbe in mumifiziertem Zustande erhalten hätte, ohne dafs deshalb der erhöhte strafrechtliche Schutz Platz griffe.

— welche nicht unter die beiden Gruppen von Ausnahmen fallen — Gräber im Sinne des StGB. und genieſsen einen erhöhten strafrechtlichen Schutz. Im einzelnen sind folgende Erfordernisse aufzustellen:

1. Zum Grabe wird der zur Beisetzung bestimmte Ort erst durch die thatsächlich erfolgte Aufnahme der Leiche; er verliert diese Eigenschaft wieder, wenn der Leichnam durch Menschenhand absichtlich und in äuſserlich erkennbarer Weise entfernt wird; dagegen ist nicht erforderlich, daſs sich dieselbe unversehrt erhalten habe; durch die Vollendung des nach den Naturgesetzen vor sich gehenden Verwesungsprozesses hört das Grab nicht auf, Grab im Sinne des Gesetzes zu sein, denn immerhin sind die Bestandteile der Leiche noch im Grabe oder in der Umgebung desselben gegenwärtig, wenn dieselben auch chemisch verändert worden sind; vor allem aber hören die Überlebenden deshalb noch nicht auf, die Stätte zum Gegenstand ihrer pietätvollen Gefühle zu machen.

Es kann also ein Grab vorhanden sein, obwohl in demselben sich eine Leiche — überhaupt oder als solche — nicht mehr befindet; verlangt werden muſs nur, daſs sie einmal darin gewesen ist, denn auch nach heutigem Rechte ist es die „illatio mortui", welche den Ort zum Grabe macht.

2. Das Grab muſs auf irgend eine Weise als solches kenntlich gemacht sein; dieses kann geschehen durch ein Monument, es genügt aber auch das einfachste Zeichen, ein Kreuz, ein Hügel u. a. m. Fehlt ein solches ganz, so kann man nicht von einer begrabenen, sondern höchstens von einer verscharrten oder beiseite gebrachten Leiche sprechen.[3])

---

[3]) Olshausen S. 682. — Pernice „Zum röm. Sakralrecht" II. 1179 stellt die Vermutung auf, daſs schon die Römer das Erfordernis der äuſseren Erkennbarkeit, namentlich durch die Inschrift, gehabt hätten; als Argument führt er an, daſs das Auskratzen der Grabschrift als Gräberschändung bestraft wird.

3. Dafs die Beisetzung eine definitive sei, ist nicht zu erfordern, auch eine vorläufige genügt,[4]) denn da sich auch an ein provisorisches Grab, etwa der im Felde gefallenen Krieger, das Gefühl der heiligen Scheu vor dem Totenfrieden knüpfen wird, so stellt es auch die Rechtsordnung unter den erhöhten Schutz. Aber die Niederlegung des Leichnams mufs geschehen sein, um ihr vorläufig eine Ruhestätte zu geben, in der sie der Berührung von seiten der Überlebenden nur noch ausgesetzt sein wird, um in die endgültige Grabstätte überführt zu werden, m. a. W. es mufs das Band zwischen dem Toten und den Überlebenden, wenn auch nur für kurze Zeit, zerschnitten sein. Daher werden wir die vorläufige Niederlegung des Körpers in einer öffentlichen Leichenhalle nicht als Beisetzung, die Halle selbst nicht als Grab bezeichnen.

4. Das Wort Grab ist im weiteren Sinne zu fassen und bezeichnet nicht nur die Grube, die durch Graben hergestellte Vertiefung in der Erde, sondern jeden Ort, der dazu bestimmt ist, der entseelten Hülle als letzter Aufenthaltsort zu dienen. Es umfafst somit auch Grabgewölbe, Erbbegräbnisse, Grabstätten in oder unterhalb einer Kirche.

Dagegen läfst es sich mit dem Sprachgebrauch wohl kaum vereinigen, auch dem Urnenplatze ohne weiteres die Eigenschaft eines Grabes zuzuerkennen. Dafs ein solcher Gegenstand pietätvoller Verehrung sein kann, ist wohl zweifellos, es ist daher de lege ferenda zu empfehlen, dieselben ebenfalls unter erhöhten strafrechtlichen Schutz zu stellen, besonders wenn die Urnen auf einem eigens zu ihrer Aufnahme bestimmten Platze aufgestellt sind, wie dieses z. B. auf dem Campo Santo zu Mailand der Fall ist.

Es kann im einzelnen streitig sein, ob ein Ort Grab im Sinne des Gesetzes ist oder nicht; daran aber ist festzuhalten, dafs ohne jedes gegenwärtige oder ehemalige Vorhandensein von

[4]) So die gem. Meinung; dagegen Oppenhoff S. 404.

menschlichen Überresten auch nicht von einem Grabe gesprochen werden kann. Daher ist das Kenotaphium — das einem an anderer Stelle Begrabenen errichtete Totenmal — nie, das Mausoleum nur dann als Grab zu bezeichnen, wenn es gleichzeitig zur Aufnahme des Leichnams dient.[5])

5. Zum Grabe gehören auch folgende Bestandteile:

a) Der Grabhügel, die Erhöhung über dem Boden, die in erster Linie bestimmt ist, das Grab als solches kenntlich zu machen.[6])

b) Die zwischen dem Grabhügel und dem Sarge befindliche Erde.[7])

c) Der Sarg mit dem Toten; er bildet den wesentlichen Bestandteil des Grabes.[8])

d) Alles, was zum Schutze oder zur Verzierung des Grabhügels dient, wenn es mit demselben — organisch oder mechanisch — fest verbunden ist; so das ihn umgebende Gitter, der Leichenstein, das Monument;[9]) da letzteres auch durch die Strafandrohung des §. 304 geschützt wird, so kann Gesetzeskonkurrenz[10]) zwischen §. 168 und §. 304 vorliegen, wobei nach dem letzteren zu strafen sein würde, da der Strafrahmen desselben der weitere ist; §. 304, soweit er hier in Betracht kommt, lautet: „Wer vorsätzlich und rechtswidrig .... Grabmäler .... beschädigt oder zerstört, wird mit Gefängnis bis zu 3 Jahren

---

[5]) Ebenso die gem. Meinung; z. B. Puchelt S. 129; Schütze S. 348; Oppenhoff S. 404.

[6]) Meves S. 369.

[7]) Hälschner II. 718.

[8]) Daude, StGB. S. 129. — Eine Reichsgerichtsentsch. vom 12. III. 1885 (Bd. XII S. 168 ff.) führt aus: „Zum Grabe wird der ausgegrabene Schacht erst dann, wenn in demselben ein Toter bestattet worden; daſs also der in die Erde versenkte Sarg mit dem Toten einen Teil, und sogar den wesentlichsten Teil des Grabes in jenem Sinne ausmacht, kann nicht mit Grund bestritten werden.“

[9]) A. M. Meves S. 370.

[10]) Vgl. v. Liszt S. 229.

oder Geldstrafe bis zu 1500 Mark bestraft. Neben der Gefängnisstrafe kann auf Verlust der bürgerlichen Ehrenrechte erkannt werden. — Der Versuch ist strafbar." Der Gesetzgeber hat angenommen, dafs bei der Beschädigung eines Grabdenkmals der Gesichtspunkt der Vermögensbeschädigung in den Vordergrund zu stellen sei; — ob mit Recht, wird später zu untersuchen sein.

Nicht hierher gehören solche Gegenstände, die nur lose auf den Grabhügel gestellt oder gelegt sind, wie Ruhebänke und auf demselben niedergelegte Kränze, — wohl aber eingepflanzte Bäume und Sträucher, sowie solche Blumen, die auf dem Grabhügel feste Wurzel gefafst haben.[11])

---

[11]) Ebenso: Olshausen S. 682; Hälschner II. 718; H. Meyer S. 1016, 1017; Geyer S. 93 (der aber nur das Ausgraben von Pflanzen, nicht schon das Abpflücken von Blumen nach §. 168 bestraft wissen will). Dafs auch die zum Schmucke dienenden Blumen einen Teil des Grabes bilden, hat das Reichsger. angenommen in der Entsch. vom 1. VII. 1887 (Rechtssprechung B. IX. S. 399). „Grab ist die dem Andenken der Verstorbenen dienende Stätte mit allem was dazu gehört. Der Richter konnte ohne jeden Rechtsirrtum in der direkt gegen den angepflanzten Baum gerichteten Handlung eine gegen das Grab als solche gerichtete Handlung sehen; noch mehr gilt dies von dem Ausreifsen der eingepflanzten Töpfe, das sich direkt gegen den Grabhügel richtete." — Allerdings ist auch die entgegengesetzte Meinung wiederholt vertreten; so von Meves, Ger.Saal XXVII S. 371; Schwarze S. 494; Oppenhoff S. 404, auch vom Reichsgericht in der Entsch. v. 26. X. 1882. (Entsch. in Strafs. Band VII S. 190), in welcher ausgeführt wird, dafs das Abpflücken äufseren Blumenschmuckes von einem Grabe, wenn er zu Geld veranschlagt werden kann, ohne weiteres weder eine Beschädigung des Grabes selbst, noch eines Grabmales (§. 304 StGB.) begreift. Der §. 168 wird also für unanwendbar erklärt. Nicht überzeugend erscheint mir die ausführliche Argumentation von Meves a. a. O., der sagt: „Die Meinung, dafs die auf den Grabhügel gesetzten Pflanzen zu einem Teile des Grabes werden, ist nicht begründet, da die Absicht des Pflanzenden nur dahin geht, durch sie dem Grabe einen äufserlichen Schmuck zu verleihen. Der durch die Wurzeln vermittelte organische Zusammenhang zwischen ihnen und der Erde des Grabhügels ist kein solcher, der durch die Beschädigung jener auch eine Beschädigung des Hügels bewirkt. Sie müssen vielmehr, ähnlich dem Grabmal, als ein besonderer, nur zur Ausschmückung und Verzierung des Grabes dienender Gegenstand angesehen werden, der in

IV. Das Grab hört auf als solches geschützt zu werden, sobald es nicht mehr als Ruhestätte eines Toten zu erkennen ist, sei es, dafs es widerrechtlich zerstört wird, sei es, dafs es infolge eines Dispositionsaktes wieder zu profanen Zwecken verwendet wird, was in der Regel nach Ablauf einer längeren Zeit (z. B. 30 Jahre) gestattet ist.

Die Frage, in wessen Eigentum das Grab steht, ist eine rein zivilrechtliche, hat aber für das Strafrecht doch insofern Bedeutung, als der Eigentümer zu gewissen Veränderungen am Grabe befugt ist, die, von Dritten vorgenommen, eine strafbare Verletzung oder Zerstörung desselben bilden würden. Eine andere wichtige Frage, deren Beantwortung aber die Grenzen des Themas überschreiten würde, ist die, ob die der Leiche mitgegebenen Sachen fähig sind, im Privateigentume zu stehen und wer an denselben eigentumsberechtigt ist; eine Entwendung

einer nur losen und äufserlichen Verbindung mit dem Grabe steht". — Das Richtige dürfte vielleicht in Folgendem zu finden sein: Im allgemeinen ist der Blumenschmuck eines Grabes als Bestandteil desselben aufzufassen, wenn er in dem Hügel Wurzel geschlagen hat oder sonst fest mit demselben verbunden worden ist; damit ist aber noch nicht gesagt, dafs jede Vornahme von Veränderungen, selbst wenn dieselbe unbefugterweise geschieht, als Beschädigung des Grabes im Sinne des §. 168 aufzufassen sei. Es kommt vielmehr darauf an, ob dieselbe intensiv genug gewesen ist, um die Pietät wenn auch nur eines beschränkten Kreises von Menschen, wie z. B. der Angehörigen des Verstorbenen, zu verletzen. Dieses wird gewifs nicht der Fall sein, wenn etwa unbefugterweise einige Blumen abgepflückt worden sind, wohl aber wenn das Grab völlig oder grofsenteils seines, mit pietätvoller Sorgfalt gepflegten Blumenschmuckes beraubt worden ist, selbst wenn der eigentliche Grabhügel unverletzt geblieben ist. Die Absicht des Pflanzenden wird eben in den meisten Fällen darauf gerichtet sein, nicht — wie Meves annimmt — eine nur äufserliche Verzierung herzustellen, das geschieht viel mehr durch loses Auflegen von Blumen und Kränzen, sondern dem Grabe einen dauernden Schmuck zu geben. Dafs durch das Ausreifsen einer Pflanze mit Wurzel auch der Grabhügel beschädigt wird, ist klar. Immer aber ist darauf Gewicht zu legen, ob das Abpflücken der Blumen in einer Weise geschah, die geeignet war, Pietätsgefühle zu verletzen. Wenn ich z. B. vom Grabe eines Freundes zur Erinnerung ein Epheublatt mit nach Hause nehme, wird dieses nicht der Fall sein.

oder Beschädigung derselben würde entweder zugleich eine Störung des Totenfriedens enthalten, folglich nach §. 168 zu strafen oder nach den Regeln über Vermögensbeschädigung zu behandeln sein, auf welche jedoch hier nicht näher einzugehen ist. Gesetzeskonkurrenz zwischen §§. 242 ff. und §. 168 ist sehr wohl denkbar. Erwähnt sei nur, dafs die Mehrzahl der Schriftsteller die Möglichkeit des Diebstahls an diesen Sachen annimmt, wenn auch die Begründungen im einzelnen von einander abweichen.[12])

§. 14.

2. Zerstörung und Beschädigung im Sinne des §. 168.

Die hier in Frage kommende Bestimmung des §. 168 hat folgenden Wortlaut: „... Wer unbefugt ein Grab zerstört oder beschädigt ... wird mit Gefängnis bis zu zwei Jahren bestraft." Nachdem im vorigen §. versucht worden ist, den Begriff des Grabes zu bestimmen, ist jetzt noch zu untersuchen, was unter Zerstören und Beschädigen zu verstehen ist.

I. Zerstören heifst: eine Sache als solche auf gewaltsame Weise vernichten, wenn sie auch ihrer Substanz nach in veränderter Form weiterexistiert. Ein Grab zerstören, heifst:

1. Auf dasselbe so einwirken, dafs es infolge der ihm widerfahrenen Behandlung als solches nicht mehr kenntlich ist; dieses geschieht z. B. dadurch, dafs das Grabmal zerstört, der

---

[12]) So nehmen Diebstahl an: v. Schwarze S. 494; Rüdorff-Stenglein S. 411; Oppenhoff S. 404; Wahlberg S. 271; Berner S. 434; H. Meyer S. 621; Hälschner II. 717, Geyer S. 92; Merkel in v. Holtzendorffs Rechtslex. „Diebstahl". — Dagegen sind: Mittelstein S. 180 (da das RStGB. die thatsächliche Gewalt über die Sache durch eine physische Person voraussetze) und v. Liszt S. 407, der diese Sachen als herrenlos bezeichnet unter der Voraussetzung, dafs sie wirklich als derelinquiert zu betrachten seien; aufserdem Dickel. Der Thatbestand des Diebstahls S. 25. — Oppenhoff, Berner und Merkel nehmen auch die Möglichkeit einer Realkonkurrenz an.

Grabhügel dem Erdboden gleich gemacht wird. Dafs die Gebeine dabei berührt werden, ist nicht erforderlich.[1])

2. Ihm in äufserlich erkennbarer, gewaltsamer Weise demjenigen Bestandteil entziehen, der ihm überhaupt seine bevorzugte Stellung verschafft, nämlich den Sarg mit der Leiche oder letztere allein.

II. Beschädigen heifst: irgend einen nicht ganz unwesentlichen Bestandteil einer Sache auf gewaltsame Weise zerstören oder erheblich verändern. Beschädigung des Grabes liegt daher vor, sobald eines seiner Bestandteile zerstört oder wesentlich verändert wird. Bei Beschädigung des Grabdenkmals liegt Gesetzeskonkurrenz vor zwischen §. 168 und §. 304. Dafs auch in dem Abreifsen von Blumen und Pflanzen eine Beschädigung des Grabes liegen kann, ist bereits ausgeführt worden.[2])

III. Nur die unbefugte Zerstörung und Beschädigung eines Grabes sind vom Gesetzgeber unter Strafe gestellt. Wurden die betr. Handlungen daher befugter Weise vorgenommen, so hat Straflosigkeit einzutreten, selbst wenn durch dieselben jemand in seiner Pietät verletzt worden sein sollte. Es konkurrieren u. a. hier das Interesse des Individuums an der Nichtverletzung seiner Gefühle und das der Gesamtheit oder eines anderen einzelnen, von denen dieses den Sieg davon trägt.

Die Befugnis zur Zerstörung oder Beschädigung eines Grabes kann auf zwei verschiedenartigen Gruppen von Berechtigungen beruhen:

1. Auf einer Vorschrift des öffentlichen Rechts. Im Interesse der Rechtspflege ist es unter Umständen nicht zu vermeiden, dafs Leichen, die bereits beigesetzt sind, zum Zwecke der Untersuchung durch Sachverständige wieder ausgegraben

---

[1]) Ebenso: Oppenhoff S. 404.

[2]) Die Begriffe „zerstören“ und „beschädigen“ werden ausführlich erörtert bei Lueder, Die Vermögensbeschädigung. 1867 S. 64ff.

werden, wie dieses besonders häufig bei Giftmordprozessen vorkommt. Die RStPO. bestimmt daher im dritten Absatz des §. 87: „Behufs der Besichtigung oder Öffnung einer schon beerdigten Leiche ist ihre Ausgrabung statthaft.“ — Ferner kann aus verwaltungsrechtlichen Gründen die Exhumierung einer Leiche angeordnet werden, z. B. wenn aus gesundheitspolizeilichen Gründen die Verlegung eines Begräbnisplatzes erforderlich wird.[8])

2. Auf einer privatrechtlichen Befugnis. An der eigenmächtigen Exhumierung der Leiche wird der Eigentümer der Grabstelle in der Regel durch polizeiliche Vorschriften — die aus Rücksicht auf die öffentliche Gesundheitspflege notwendig sind — verhindert sein, auch ist es wohl zweifellos, dafs derselbe durch pietätlose Zerstörung des Grabhügels oder des Monumentes nach §. 168 bezw. §. 304 strafbar sein würde. Gewisse Befugnisse zu Veränderungen an dem Grabe stehen aber dem Eigentümer als solchem ohne weiteres zu. Zunächst darf er alles thun, was zur Pflege des Grabes, speziell des dasselbe bedeckenden Blumenschmuckes erforderlich ist; er kann also zu diesem Zwecke Blumen und Gewächse entfernen, selbst wenn dadurch der Grabhügel in Mitleidenschaft gezogen wird. Auch darf er die nötigen oder auch nur wünschenswerten Reparaturen vornehmen und z. B. das vorhandene Monument durch ein neues ersetzen. Gleich dem Eigentümer ist jeder straflos, der in seinem Auftrage eine der bezeichneten Handlungen vornimmt. Auch die landesgesetzlichen Vorschriften, die nach einer Reihe von Jahren die Wiederbenutzung von Gräbern gestatten, sind hier zu erwähnen.

IV. Aus welchen Motiven die That entsprungen ist, ist ebenso gleichgültig wie der Zweck, der mit ihr verfolgt wurde.

---

[8]) Über die Schliefsung von Kirchhöfen, vgl.: v. Wittken, „Rechtsverhältnisse der Kirchhöfe“ in Gruchots Beiträgen Bd. XXVI S. 662 bis 675.

Jedoch bildet nach dem Wortlaut des Gesetzes das Bewufstsein des unbefugten Handelns einen Bestandteil des Vorsatzes; die Strafbarkeit ist also ausgeschlossen, wenn dasselbe fehlt. Olshausen S. 683 führt ein interessantes Erkenntnis des Obertribunals vom 15. V. 1872 an, in dem ein freisprechendes Urteil zweiter Instanz deshalb bestätigt wurde, weil der Angeklagte in dem Glauben gehandelt hatte, der Tote sei ein Vampyr, der ihn beunruhige und er sei daher zur Vornahme der Gräberschändung befugt, um sich zu schützen.

§. 15.

b. Die Verübung von beschimpfendem Unfug an einem Grabe.

I. Der §. 168 bestimmt am Ende: „. . . Wer an einem Grabe beschimpfenden Unfug verübt. wird mit Gefängnis bis zu zwei Jahren bestraft; auch kann auf Verlust der bürgerlichen Ehrenrechte erkannt werden.“

Der weihende Einflufs des menschlichen Leichnams erstreckt sich noch über das Grab hinaus, in dem er beigesetzt ist und ergreift auch die nähere Umgebung des Grabes. Auch ihr widmen zivilisierte Völker ein besonderes Gefühl der Verehrung, dessen Verletzung strafwürdig erscheint. Verletzt wird es aber durch jedes unangemessene Verhalten, das in unmittelbarer Nähe des Grabes zu Tage tritt, wenn dasselbe es erkennen läfst, dafs der Thäter entweder selbst die erforderliche Scheu vor der geweihten Stelle nicht hat, oder doch nicht Willens ist, dieselbe bei anderen zu respektieren.

Im einzelnen ist Folgendes zu bemerken:

1. Die Verübung von Unfug wird unter Strafe gestellt. Unfug sind nach von Bar („Das Delikt des groben Unfugs“ in Barths Wochenschrift „Die Nation“ No. 16 vom 14. I. 1888 S. 214—217): „nur unmittelbar physisch lästig fallende, durch nichts zu rechtfertigende Handlungen, wie sie mutwillige Leute

auf der Straſse zu begehen pflegen, nicht aber Handlungen, zu denen auch besonnene, vernünftige, nüchterne Männer kommen können, und bei denen erst eine genaue und eingehende Untersuchung zeigen kann, ob sie unerlaubt sind, oder nicht.“ Diese Definition bezieht sich vor allem auf den §. 367. 11 und ist auf den vorliegenden §. nicht ohne weiteres zu übertragen. Es ist vielmehr davon auszugehen, daſs man im Sprachgebrauch des gewöhnlichen Lebens unter Unfug jede Handlung, jedes Benehmen versteht, das sich mit den Regeln der Sitte und des Anstandes bewuſstermaſsen in groben Widerspruch stellt; daſs jedoch nicht jeder Unfug unter Strafe gestellt ist, vielmehr in §. 367. 11 nur der „grobe“, in §. 168 und einigen anderen (§§. 103a, 135, 166) der beschimpfende.[1]) Daſs Unfug an sich nur in „unmittelbar physisch lästig fallenden“ Handlungen besteht, wie von Bar annimmt, dürfte wohl nicht ganz zutreffen; z. B. auch das Erregen ästhetischen Unbehagens wird häufig als Unfug zu bezeichnen sein. Olshausen definiert „Unfug“, mit Rücksicht auf das angegebene Objekt („an einem Grabe“) als: „diejenige Handlung, welche sich gegen das Verbot der Störung des Totenfriedens richtet“; mit dieser Begriffsbestimmung dürfte nicht viel anzufangen sein, denn sie ist rein tautologisch, das Verbot der Störung des Totenfriedens richtet sich eben gegen den Unfug.

2. Wenn auch jeder an der Ruhestätte eines Toten verübte Unfug moralisch zu miſsbilligen ist, so ist er doch strafbar nur als „beschimpfender Unfug“. Zutreffend erscheinen die Ausführungen einer Reichsgerichtsentscheidung vom 1. VII. 1887,[2]) daſs sich die Natur einer Handlung als beschimpfender

---

[1]) Dem Sinne nach ebenso: v. Lilienthal in v. Holtzendorffs Rechtslex. „Unfug“: „Im Sprachgebrauch des gewöhnlichen Lebens bezeichnet man als Unfug jedes anstandslose, ungeziemende Benehmen, jede Roheit, jeden Frevel.“

[2]) Rechtsprechung B. IX S. 399.

Unfug bestimme durch ihre äufsere Erscheinung und ihren inneren Charakter.

a. Durch ihre äufsere Erscheinung. Dieselbe mufs objektiv geeignet sein als ein Zeichen der Verachtung und Herabwürdigung[3]) zu erscheinen und dadurch die Überlebenden in dem Gefühle der Pietät zu verletzen. Da bei zivilisierten Völkern die heilige Scheu vor der Ruhestätte der Toten sehr empfindlich und leicht zu verletzen ist, so wird als beschimpfender Unfug jede Handlung erscheinen, aus der hervorgeht, dafs der Thäter eine pietätvolle Gesinnung den Toten gegenüber entweder nicht hat oder sie doch gröblich aufser acht läfst, oder wenn gar die Absicht zu Tage tritt, einem bestimmten Toten gegenüber seine Mifsachtung und gehässige Gesinnung an den Tag zu legen. Derartige Handlungen können im einzelnen sehr verschiedener Art sein: So führt die bereits zitierte Reichsgerichtsentscheidung vom 1. VII. 1887 aus: „Es ist nicht rechtsirrig, in dem Beschädigen der auf ein Grab gepflanzten oder in Töpfen eingegrabenen Gewächse und dem Herausreifsen und Wegwerfen derselben, begangen wegen einer feindseligen Gesinnung gegen den Verstorbenen, beschimpfenden Unfug an dem Grabe zu finden". Schon aus einem Vergleich dieses Beispiels mit dem oben über die Beschädigung eines Grabes Gesagten ergiebt sich, dafs die Grenze zwischen beiden Arten von Delikten sehr unsicher ist und es meist quaestio facti sein wird, ob Beschädigung i. S. des Gesetzes oder Unfug anzunehmen ist; jede Beschädigung kann zugleich ein Unfug sein. Vielleicht läfst sich ein Anhaltspunkt aus der Erwägung gewinnen, dafs eine Beschädigung zunächst stets eine Vermögensbeschädigung ist und nur dann von einem anderen Gesichtspunkte aus unter Strafe gestellt wird, wenn durch die Beschädigungshandlung zugleich auch höherwertige, immaterielle Rechtsgüter, wie hier

---

[3]) Rubo S. 574.

die Pietät, verletzt werden — dafs dagegen unter Unfug vorzugsweise solche Ungehörigkeiten zu verstehen sind, welche eine Vermögensbeschädigung nicht zur Folge gehabt haben. Es würde daher Unfug in allen denjenigen Fällen anzunehmen sein, in denen eine Beschädigung zwar vorliegt, der entstandene Vermögensverlust aber ganz unbedeutend ist im Vergleich zu der Gröfse des erregten Ärgernisses.

b. Durch ihren inneren Charakter. Der Thäter mufs das Bewufstsein gehabt haben, dafs die Unfugshandlung Anstofs erregen, Pietätsgefühle verletzen kann. Die Absicht zu verletzen braucht hier ebensowenig vorhanden zu sein, wie ein besonderer animus iniuriandi bei der Beleidigung. Auch die besondere Absicht, das Andenken des Toten herabzuwürdigen, ist nicht erforderlich, obgleich gerade hierin häufig der Zweck des Unfugs liegen wird.[4])

3. Der beschimpfende Unfug mufs an einem Grabe verübt sein. Olshausen (S. 683) und Schwarze (S. 494) sehen hierin die Bezeichnung des Objekts der Handlung und fassen also als strafbaren Unfug nur denjenigen auf, der an dem Grabe selbst, nicht auch den, der auf der Grabstelle verübt wird. Wenn auch diese Interpretation zunächst den strikten Wortlaut des Gesetzes für sich hat, so möchte ich doch etwas weitergehen und sagen: „an einem Grabe" im Sinne dieses §. bedeutet soviel wie: „in unmittelbarer Nähe eines Grabes, in Beziehung auf ein Grab." Diese extensive Interpretation scheint sprachlich nicht unzulässig und dürfte der ratio legis mehr entsprechen.

Zunächst wurde schon erwähnt, dafs zahlreiche Unfugshandlungen auf der Grenze stehen und gleichmäfsig als Unfug wie als Sachbeschädigung erscheinen können, wenn man die er-

---

[4]) Vgl. v. Liszt S. 336. — A. M. sind: Oppenhoff S. 404, der „Absicht der Beschimpfung und Herabwürdigung verlangt" und das Reichsgericht in der zitierten Entscheidung vom 1. VII. 1887.

wähnten Worte in dem allerengsten Sinne fassen wollte. Außerdem ist bei dem Begriff des Unfugs zunächst gerade nicht an solche Handlungen zu denken, die sich direkt gegen die Integrität einer Sache richten; wenn jemand einer Statue einen Arm abschlägt, so erscheint das wohl als Unfug im weiteren Sinne, aber nicht als Unfug im engeren Sinne, d. h. im Sinne des Gesetzes, sondern als Vermögensbeschädigung. Ebenso würden diejenigen Unfugshandlungen, welche „an einem Grabe" als Objekt verübt werden, meist nicht als Unfug im engeren Sinne erscheinen. Endlich würden manche Fälle von beschimpfendem Unfug straflos bleiben, deren Straflosigkeit vom Gesetzgeber wohl kaum beabsichtigt sein dürfte. Allerdings fällt, nach richtiger Ansicht (vgl. den folgenden §.) der Unfug, der verübt wird in der Nähe eines auf einem Kirchhofe befindlichen Grabes, meist unter den §. 166, als „Unfug verübt in einem zu religiösen Versammlungen bestimmten Orte". Aber erscheint es z. B. nicht als beschimpfender Unfug, wenn jemand in einem Mausoleum, das eine Leiche enthält, ein wüstes Zechgelage veranstaltet? oder wenn jemand auf einem Begräbnisplatze, der zu religiösen Versammlungen nicht dient, daher durch §. 166 nicht geschützt wird, den Beischlaf vollzieht? Daſs durch diese Handlungen, auch wenn sie nicht auf dem Grabe selbst, sondern nur in unmittelbarer Nähe desselben vorgenommen werden, das Pietätsgefühl in empfindlicher Weise verletzt werden kann, wird doch wohl nicht zu leugnen sein. Es scheint mir daher die weitere Interpretation der drei Worte den Vorzug zu verdienen.

4. Das Erfordernis der unbefugten Vornahme der unter Strafe gestellten Handlungen findet sich nicht ausdrücklich im Gesetze, weil es sich von selbst versteht. Eine Handlung, die auf Grund irgend einer Befugnis vorgenommen wird, kann nie als Unfug, viel weniger als beschimpfender Unfug erscheinen.

§. 16.

c. Strafbare Handlungen, begangen auf einem Friedhofe.

Von der Erwägung ausgehend, dafs das religiöse Gefühl der Rechtssubjekte ein von der Rechtsordnung zu schützendes immaterielles Rechtsgut ist, stellt §. 166 des RStGB. in seiner Schlufsbestimmung den beschimpfenden Unfug unter Strafe, der an Orten verübt wird, die zu religiösen Versammlungen bestimmt sind.

„. . . Wer in einer Kirche oder in einem anderen zu religiösen Versammlungen bestimmten Orte beschimpfenden Unfug verübt, wird mit Gefängnis bis zu drei Jahren bestraft."

Abgesehen von dem weiteren Strafrahmen ist das in dem vorigen §. Gesagte hier analog anzuwenden, so dafs nur noch die Frage zu erledigen bleibt, inwieweit auch diejenigen Plätze unter den §. fallen, die zur letzten Ruhestätte für die Toten bestimmt sind.[1])

Die für diese Orte vorkommenden Bezeichnungen sind Begräbnisplatz, Friedhof, Kirchhof, Gottesacker und Gottesgarten. Begräbnisplatz ist ganz allgemein jeder zu Beerdigungen dienende abgesonderte Platz ohne Rücksicht darauf, ob dieselben mit oder ohne religiöse Feier stattfinden; Friedhof bezeichnet einen Begräbnisplatz in seiner besonderen Bestimmung als denjenigen Ort, wo die Toten ihren letzten Frieden finden; Kirchhof bezeichnet ursprünglich denjenigen Beerdigungsplatz, der sich in unmittelbarer Nähe einer Kirche befindet, wird aber dann auch ganz allgemein gebraucht. Die Ausdrücke „Gottesacker" und „Gottesgarten" weisen auf die bei der Beisetzung stattfindenden religiösen Zeremonien hin; nach Wittken kommt letzterer nur bei den Herrenhuter Gemeinden vor. Derselbe bezieht alle fünf Ausdrücke nur auf solche Orte, wo christ-

---

[1]) Vgl. zum Folgenden bes. die zitierte Abhandlung von Wittken.

liche Beerdigungen stattfinden: das ist sprachlich wohl nicht zu rechtfertigen, man spricht ebensowohl von „Judenkirchhöfen“ wie von konfessionslosen Begräbnisplätzen.

1. Religiöse Handlungen irgend welcher Art werden wohl auf jedem Friedhofe bei Gelegenheit von Beerdigungen vorgenommen; dieses genügt aber nicht: das Gesetz verlangt, daſs die Kirchhöfe auch zu dieser Vornahme bestimmt sind. Das wird nur der Fall sein bei konfessionellen und bei solchen nicht-konfessionellen, bei denen die Vornahme von religiösen Zeremonien ortsüblich ist.[2]) Die gemeine Meinung ist darüber einig, daſs die Frage, ob ein Kirchhof ein „zu religiösen Versammlungen bestimmter Ort“ ist, nach den konkreten Verhältnissen zu beantworten ist, und daſs die Gesamtheit der Leidtragenden dann als eine religiöse Versammlung aufzufassen ist, sobald bei der Beisetzung religiöse Handlungen vorgenommen werden. So hat auch das Reichsgericht am 27. III. 1885 entschieden (Rechtspr. VII. S. 195ff.): „Es ist nicht rechtsirrtümlich, wenn ein Kirchhof, auf welchem herkömmlich bei Beerdigungen religiöse Handlungen vorgenommen werden, für einen religiösen Versammlungsort i. S. des §. 166 StGB. erachtet wird.“

2. Unter denselben Voraussetzungen sind auch Leichenkapellen, Leichenhäuser, Beinhäuser (in denen die Gebeine aus verfallenen Gräbern gesammelt werden; in Bayern Seelhäuser genannt), Privatbegräbnisplätze sowie die zur Feuerbestattung bestimmten Orte hierher zu rechnen.[3]) Stehen dieselben innerhalb eines Begräbnisplatzes, so sind sie als Teil desselben anzusehen, ebenso Erbbegräbnisse.[4])

---

[2]) Ebenso: Oppenhoff S. 401; v. Liszt S. 381.
[3]) Ebenso: v. Liszt S. 381.
[4]) Wittken S. 665.

§. 17.

D. Positive Vorschläge zur Abänderung des geltenden Rechts.

Wer mit den Ausführungen des dogmatischen Teils im grofsen und ganzen einverstanden ist, wird zu der Überzeugung gelangt sein, dafs die Bestimmungen unseres RStG. zum Schutze der Pietät einerseits im einzelnen z. T. unpraktisch, andrerseits in verschiedener Beziehung ergänzungsbedürftig sind. Eine etwaige Reform derselben würde daher zwei Ziele zu verfolgen haben: Ausbau der vorhandenen und Einfügung neuer Bestimmungen. Ein hervorragendes Hilfsmittel ist auch das Studium der ausländischen und partikular-deutschen Gesetzgebungen.

I. Zu beanstanden ist zunächst die Forderung des StGB., dafs die weggenommene Leiche im Gewahrsam der dazu berechtigten Person stehe. Der Zusatz ist entbehrlich und schädlich. Ersteres, weil jede unbefugte Wegnahme eines menschlichen Leichnams zweifellos eine ungehörige Handlung bildet, die geeignet ist, pietätverletzend zu wirken; es ist dabei für das Gefühl der Rechtssubjekte vollständig unerheblich, ob die Leiche bereits in den Gewahrsam irgend jemandes übergegangen war, oder nicht. Denn, wie schon erwähnt wurde, nicht in der Verletzung irgendwelcher individueller Herrschaftsrechte liegt der strafbare Charakter der Wegnahme, sondern in der pietätlosen Gesinnung des Thäters. Dafs nun gar nur der im Gewahrsam des dazu Berechtigten befindliche Leichnam geschützt werden soll, ist eine übertriebene, unberechtigte und zugleich unklare Forderung, denn, wie gesagt, die Wegnahme an sich ist strafwürdig und wird nicht dadurch erlaubt, dafs sie einem zum Gewahrsam nicht Legitimierten geschah. Nur ist natürlich daran festzuhalten, daſs nur die unbefugte Wegnahme strafwürdig erscheint.

Mit der Aufgabe dieses Erfordernisses würden verschiedene Streitfragen erledigt, oder doch ihre Erörterung mit Rücksicht auf den §. 168 überflüssig gemacht werden. Zunächst würde die Frage nach dem Gewahrsamsberechtigten für die Bestrafung des Thäters ohne Bedeutung sein; auch unterläge es keinem Zweifel, daſs Totengräber und Kirchhofsbeamte durch eine dem Unterschlagen analoge Handlung das Delikt begehen können; wenn auch die Aufstellung eines weiteren Strafrahmens für diese Personenklassen wohl zu entbehren ist, so wird doch meist bei der Strafzumessung ihre amtliche Stellung, die sie miſsbraucht haben, erschwerend ins Gewicht fallen. Endlich würde eine strafwürdige Handlung, deren Strafbarkeit de lege lata entweder ganz zu verneinen oder doch höchst bestritten ist, alsdann zweifellos unter den §. 168 fallen, nämlich die unbefugte Wegnahme der Leiche eines in der Einsamkeit Verstorbenen, die sich überhaupt noch in niemandes Gewahrsam befindet. Die Wegnahme einer solchen erscheint als befugt, wenn sie geschieht in der Absicht, dieselbe in Sicherheit zu bringen, als unbefugt, wenn sie zu irgend einem anderen Zwecke erfolgt.

Das RStGB. ist nahezu das einzige, welches von der Wegnahme aus dem Gewahrsam die Bestrafung abhängig macht; das Erfordernis findet sich auſserdem nur noch: im Preuſsischen StGB. von 1851 §. 137, im Sächsischen StGB. von 1855 Art. 331 („Aus dem Gewahrsam derer, welche die Leiche in ihrer Obhut haben"), im Hamburger Kriminalgesetzbuch von 1869 Art. 183; also in Gesetzbüchern, welche alle mit dem preuſsischen zusammenhängen, das wiederum die Grundlage für das RStGB. geliefert hat.

II. Es ist bereits darauf hingewiesen, daſs die Vorschrift des §. 367. 1, soweit sie sich auf die Wegnahme von Leichenteilen bezieht, logisch zu §. 168 gehört. Es würde sich daher vielleicht empfehlen, dieselbe als Schlufssatz in diesen §. aufzunehmen,[1]) und zwar mit einer Veränderung. Der kriminalpolitische Gedanke, der bei Erlafs derselben mafsgebend gewesen ist — Privilegierung derjenigen, die zu wissenschaftlichen Zwecken Leichenteile an sich nehmen, — kommt in der gegenwärtigen Fassung des Gesetzes gar nicht zum Ausdruck. Praktische Folge hiervon ist, dafs auch Entwendungen, die nicht zu an und für sich lobenswerten Zwecken geschehen, und rohe Verstümmelungen, wenn gleichzeitig ein Teil entwendet wird, unter diesen §. fallen, dessen milde Strafe natürlich für derlei Thaten nicht berechnet ist. Es dürfte daher angebracht sein, einen Zusatz aufzunehmen, dafs die Übertretungsstrafe nur dann Anwendung findet, wenn aus den Umständen, unter denen die Entwendung verübt wurde, hervorgeht, dafs dieselbe zu einem wissenschaftlichen Zwecke geschah. Anderseits ist zu erwägen, dafs auch die Wegnahme einer ganzen Leiche zu diesem Zwecke in einem milderen Lichte erscheint, es wäre daher auch für diesen Fall die Strafe zu ermäfsigen. Natürlich würde auch hier von dem Gewahrsam der dazu berechtigten Person keine Rede mehr sein.

III. Den Anschauungen unserer Zeit entspricht es nicht, die Überreste des menschlichen Körpers, die bei der Leichenverbrennung verbleiben, ohne strafrechtlichen Schutz zu lassen. Allerdings hat die Leichenverbrennung bei uns noch nicht den Grad der Ausbreitung erreicht wie z. B. in Italien, das zur Zeit etwa 24 Tempij di crema one besitzt, es ist aber doch wohl anzunehmen, dafs die grofsen Vorzüge derselben in absehbarer Zeit eine weitere Ausdehnung derselben zur Folge haben werden. Jedenfalls könnte schon heute in Deutschland der Fall eintreten, dafs Akte von Roheit gegen derartige Aschenreste begangen würden, oder dafs dieselben Objekt einer

---

[1]) **Ebenso: Hälschner II. 703.**

Entwendung würden, ohne dafs man im stande sein würde, die Thäter ihrer wohlverdienten Strafe zu überliefern. Diesem vorzubeugen ist Sache des Gesetzgebers, die Ausdehnung des strafrechtlichen Schutzes auf die Aschenreste erscheint daher nicht unmotiviert,[2]) um so weniger, als auch das jüngste der europäischen Strafgesetzbücher, das italienische von 1889, dieselben in jeder Beziehung dem Leichnam gleichgestellt hat. (Art. 144: „Chiunque commette atti di vilipendio sopra un cadavere o sopra le sue ceneri o . . . sottrae . . . il cadavere o le ceneri".)

Ebenso empfiehlt es sich, den Schutz auch dem Körper des totgebornen Kindes, der, wie wir oben gesehen haben, Leiche im technischen Sinne nicht ist, zuteil werden zu lassen. Denn der Überzeugung des Volkes nach hat er ebenfalls Anspruch auf eine gewisse pietätvolle Behandlung; dieses zeigt sich schon darin, dafs totgeborne Kinder regelrecht begraben, tote Körper von Mifsgeburten und Föten dagegen verscharrt werden.

IV. Das RStGB. kennt das Delikt der eigentlichen Leichenschändung nicht und hat damit eine Lücke aufzuweisen, deren Ausfüllung sehr wünschenswert ist. Es sind darunter diejenigen Akte zu verstehen, durch welche die mangelnde Pietät gegen den Toten ausgedrückt wird, soweit dieselbe durch unmittelbare Thätlichkeiten gegen den Körper verübt werden. An einem Lebenden begangen würden sie etwa Fälle der Körperverletzung, der Beleidigung, der Unzucht bilden. Da §. 168 nur von Wegnahme einer Leiche spricht, so sind dieselben als solche nach geltendem Recht straflos, denn die Unzucht an Leichen fällt auch nicht unter §. 175;[3]) allerdings

---

[2]) Dafs dieselben schon durch das geltende Recht geschützt seien, ist bis jetzt nur von Mittelstein S. 179 behauptet worden; dagegen Olshausen S. 681.

[3]) Oppenhoff S. 417.

kann sie nach §. 183 bestraft werden, wenn durch sie öffentlich ein Ärgernis gegeben ist.[4]) Meves S. 368, 369 bestreitet das Bedürfnis zur Ausdehnung der Strafbestimmungen auf die Leichenschändung, aber wohl mit Unrecht. Daſs solche Fälle selten sind, ist noch kein genügender Grund, sie im Gesetze ganz zu übergehen; es könnte sonst eine Reihe von §§. aus unserem Strafgesetzbuch gestrichen werden (so z. B. §. 216, 234, 235, 179, 175 soweit er sich auf Sodomie bezieht u. a.; vgl. die Kriminalstatistik des Deutschen Reiches für 1886). Daſs sie aber vorkommen, lehren die vor wenigen Monaten in London (Whitechapel) vorgekommenen Mordthaten, in denen der Thäter sein Opfer nach der Ermordung in scheuſslicher Weise verstümmelt hatte. Auch ist die Verstümmelung von Leichen von mehreren StGB. unter Strafe gestellt; so im Badischen StGB. von 1845, §. 579 („Wer einen solchen Leichnam unbefugter Weise verstümmelt"), im Griechischen StGB. von 1813, §. 645 („Wer Leichen . . . miſshandelt oder sonst zu unerlaubten Zwecken miſsbraucht"), im StGB. für Bosnien und die Hercegowina von 1880, §. 336 („Wer an menschlichen Leichen Miſshandlungen begeht"), im Schwedischen StGB. von 1864, Kap. XI. §. 4 („Ou en maltraitant autrement les cadavres"), im Norwegischen StGB. von 1842, Kap. VIII. §. 4 („eller vorder samme [=die Leiche] mishandelt"), im Portugiesischen StGB. von 1886, Art. 247. §. 3, Österr. StGB. von 1852, §. 306, Entwurf von 1889, §. 178.

Nach dem Vorgange so zahlreicher ausländischer Gesetzgebungen dürfte wohl die Aufnahme einer Strafdrohung gegen Leichenschändung in unser StGB. nicht zu gewagt erscheinen. Damit würden zugleich auch solche Handlungen, die der Detentor eines Leichnams an demselben vornimmt, betroffen werden, während dieselben bis jetzt straflos sind.

---

[4]) Ebenso: Geyer S. 93.

Besondere Erwähnung verdient die Unzucht an Leichen, die, meines Wissens, nur im Portugiesischen StGB. Art. 247, §. 3 ausdrücklich angeführt wird. Sie scheint in südlichen, besonders aufsereuropäischen Ländern dann und wann vorzukommen,[5]) ist aber bei uns wohl selten. Von Krafft-Ebing (Psychopathia sexualis. S. 146) spricht sich dahin aus, dafs sich bei dem Thäter stets ein psychopathischer Zustand vermuten lasse; derselben Ansicht ist auch Maschka (Gerichtliche Medizin B. III. S. 191 ff.). Eine besondere Hervorhebung dieses Thatbestandes ist jedenfalls überflüssig, da der allgemeinere Begriff Leichenschändung denselben umfassen würde.

V. Nicht weniger grofs ist die Zahl derjenigen Länder, in denen bereits jede beschimpfende, gegen eine Leiche gerichtete Handlung bestraft wird, ganz abgesehen davon, ob dadurch das Andenken des Verstorbenen beschimpft wird (RStGB. §. 189). Nach dem RStGB. kann eine solche bestraft werden, wenn sie sich als beschimpfender Unfug charakterisiert und an der bereits begrabenen Leiche, „an einem Grabe“ vorgenommen ist. Wenn eine Strafandrohung gegen Leichenschändung in der vorgeschlagenen Weise Aufnahme fände, so würde auch der noch nicht beerdigte Leichnam gegen unbefugte, physische Einwirkung geschützt sein, nicht aber gegen die zahlreichen symbolischen Akte, wie: beschimpfende Äufserungen, Anspeien, Steinewerfen u. a., durch welche ein Mensch einer Person oder einer Sache gegenüber seine Mifsachtung zu erkennen geben kann. Verschiedene Gesetzgeber haben sich daher veranlafst gesehen, diesen Thatbestand besonders unter Strafe zu stellen. Folgende Bestimmungen wären zu erwähnen:

---

[5]) Das moslemische Recht bedroht sie mit 25 Peitschenhieben. Im Altertum wurden die ägyptischen Pastophoren (Balsamierer) dieses Lasters beschuldigt; Leichen von vornehmen, schönen Frauen pflegten ihnen daher erst 3—4 Tage nach dem Tode übergeben zu werden. Näheres, sowie Zitate siehe bei Maschka a. a. O. S. 191 ff.

Italienisches StGB. von 1889, Art. 144: „Chiunque commette atti di vilipendio sopra un cadavere umano o sopra le sue ceneri". — Spanisches StGB. Art. 350: „El que violare los sepulcros ò sepulturas, practicando qualesquiera actos que tiendan directamente à faltar al respecto debido à la memoria de los muertos". — Portugiesisches StGB. Art. 247: „Praticando antes ou depois la inhumação quaesquer factos tendentes directamente a quebrantar o respeito devido a memoria dos mortos". — Codigo penal von Chile. Art. 321 (enthält wörtlich die spanischen Bestimmungen).

Andere Staaten kennen das besondere Delikt der Störung einer Beerdigung oder eines Leichenzuges, das ebenfalls als eine mittelbar gegen den Leichnam gerichtete, die Pietät zu verletzen und zugleich die Bethätigung derselben zu verhindern geeignete Handlung aufzufassen ist; so: StGB. für New-York §. 315. „Disturbing funerals. — A person who, without authority of law, obstructs or detains any persons engaged in carrying or accompanying the dead body of a human being to a place of burial, is guilty of a misdemeanor." — Kanton Waadt. Code pénal. Art. 134. „Celui qui trouble par des vociférations ou de toute autre manière un convoi funèbre." — Berner StGB. Art. 93. „Wer . . . einen Leichenzug vorsätzlich stört."

Da die in Frage stehenden Handlungen zweifellos die objektiven und subjektiven Merkmale einer strafbaren Handlung an sich tragen, so scheint es angebracht, auch sie unter Strafe zu stellen als beschimpfende gegen einen beerdigten oder unbeerdigten Leichnam gerichtete Handlungen.

VI. Zum Schutze des Grabdenkmals hat das StGB. zwei Bestimmungen gegeben: in §. 168 und in §. 304; die doppelte Erwähnung desselben rechtfertigt sich dadurch, dafs die Beschädigung eines solchen bald vorwiegend als Grabesschändung, bald als qualifizierte Sachbeschädigung erscheinen kann. Da es aber Fälle giebt, in denen der Charakter der Pietätsverletzung überwiegt und es in der Litteratur bestritten ist, ob §. 168 auch auf Grabdenkmäler anzuwenden ist, so würde die ausdrückliche Erwähnung des Monumentes neben dem Grabe im §. 168 anzuraten sein.

VII. Entsprechend der Ausdehnung des Schutzes auf die Verbrennungsreste würde der Urnenplatz dem Grabe gleichzustellen sein, wie dieses bereits geschehen ist im Italienischen StGB. von 1889, Art. 144: „Chiunque . . . viola in qualsiasi modo il sepolcro o l'urna".

VIII. Endlich sei noch eine Frage erwähnt, die, obwohl streng genommen nicht zum Thema gehörig, doch des Zusammenhangs wegen häufig hat berührt werden müssen. Die alte Kontroverse nämlich, ob an den der Leiche ins Grab mitgegebenen Sachen ein Diebstahl verübt werden kann, könnte vom Gesetzgeber in einfachster Weise dadurch gelöst werden, dafs zu den Strafvorschriften über Diebstahl der Zusatz gemacht wird: „Die unbefugte Wegnahme von Sachen, die einer Leiche ins Grab mitgegeben sind, ist gleich einem qualifizierten Diebstahle zu strafen". Bei Realkonkurrenz mit §. 168 würde aufserdem auch nach diesem zu strafen sein[6]).

IX. Ergebnisse. Nach Aufnahme der vorgeschlagenen Verbesserungen würde der §. 168 etwa folgenden Wortlaut annehmen:

„Mit Gefängnis bis zu zwei Jahren, neben welchem auf Verlust der bürgerlichen Ehrenrechte erkannt werden kann, wird bestraft:

1. Wer sich unbefugt eine Leiche oder Teile einer solchen aneignet.

2. Wer eine Leiche mifshandelt oder mit einer solchen andere Handlungen vornimmt, welche eine Verletzung der den Toten geschuldeten Pietät enthalten.

---

[6]) Ebenso dem Sinne nach: Hälschner II. 703.

3. Wer eine Beerdigung stört oder in Gegenwart einer Leiche beschimpfende Handlungen vornimmt.

4. Wer unbefugt ein Grab oder ein Grabmal zerstört oder beschädigt.

5. Wer an einem Grabe beschimpfenden Unfug verübt.

Wenn bei einer unter No. 1 dieses §. fallenden strafbaren Handlung aus den die That begleitenden Umständen hervorgeht, dafs die Aneignung lediglich zu wissenschaftlichen Zwecken erfolgte, so ist nur auf Haft oder Geldstrafe bis zu 150 M. zu erkennen.

Die für den Leichnam gegebenen Bestimmungen gelten auch für den Körper des totgeborenen Kindes und für die nach der Leichenverbrennung verbleibenden Überreste, die für das Grab gegebenen auch für den Urnenplatz."

In dieser Fafsung dürfte der §., ohne dem Vorwurf der übertriebenen Kasuistik ausgesetzt zu sein, alle denkbaren, gegen Leichen gerichteten strafbaren Handlungen umfassen und so nach dieser Richtung hin ausreichenden Schutz gewähren für das Rechtsgut der Pietät.

E. Der strafrechtliche Schutz des Rechtsguts der Pietät in den ausländischen Gesetzgebungen.

§. 18.

Einleitung.

Im folgenden Abschnitte sollen diejenigen Bestimmungen zusammengestellt werden, durch welche die ausländischen Strafgesetzgebungen das Rechtsgut der Pietät, soweit dieses durch strafbare Handlungen gegen den menschlichen Leichnam verletzt werden kann, schützen. Die Zusammenstellung verfolgt einen doppelten Zweck: einmal soll sie erkennen lassen wieweit die aufserdeutschen Gesetzgeber besondere Strafdrohungen gegen die an Leichen verübten Delikte für nötig erachtet haben — andrerseits liefert sie das Material für die bereits in der vorigen Abteilung erörterten positiven Vorschläge zur Verbesserung der hierher gehörigen Bestimmungen unseres RStGB. Denn bei jeder Reform, sei sie auch noch so unbedeutend, bietet die rechtsvergleichende Methode den grofsen Vorzug, dafs man an Stelle rein theoretischer Konstruktionen mit solchen Vorschriften operieren kann, die bereits an anderer Stelle praktisch erprobt worden sind.

Bei der Gruppierung der ausländischen Strafgesetzgebungen habe ich mich der Einteilung angeschlossen, die von Liszt in seinem Lehrbuche des Strafrechts S. 64ff. giebt. Auf eine vollständige, dogmatische Durcharbeitung des Stoffes mufste mit Rücksicht auf das allzu umfangreiche Material verzichtet werden, es sind daher nur kurze Anmerkungen gegeben, die hauptsächlich den Zweck haben, auf die Berührungs- und Differenzpunkte mit dem RStGB. hinzuweisen. Diejenigen Bestimmungen, welche dem §. 166 des letzteren entsprechen, sind aufser acht gelassen, weil die Verletzung derselben mit den Delikten gegen Leichen und Gräber nur in losem Zusammenhange steht.

Einige Strafgesetzbücher scheiden von vornherein aus der Betrachtung aus, teils weil sie mir überhaupt nicht oder doch nicht in deutscher Übersetzung zur Verfügung standen, teils weil sie hierher gehörige Bestimmungen nicht enthalten; zu den letzteren gehören folgende: StGB. für Bayern von 1813. — StGB. für die freie und Hansestadt Lübeck vom 24. VIII. 1863. — StGB. für Bayern von 1861. — Gesetzbuch Daniels I, Fürsten und Gebieters von Montenegro und der Berda. — Etat indépendant du Congo. StGB. von 1888. — Codigo criminal für Brasilien von 1831, für Peru von 1856, für Argentinien. — Die Strafgesetzbücher von: Graubünden 1851, Appenzell A. Rh. 1878, Schwyz 1881. — Das Ägyptische StGB. vom 13. XI. 1883.

Die gesamte Gesetzgebung läfst sich in folgende Gruppen einteilen, deren Gesetzbücher unter sich stammverwandt sind oder von einem gemeinsamen Mutterrecht abstammen:

I. Die Gruppe der mit dem deutschen Rechte verwandten Strafgesetzbücher.
II. Die Gruppe der nordgermanischen Rechte.
III. Die Gruppe der romanischen Länder.
IV. Die Gruppe des englisch-amerikanischen Rechts.
V. Die Gruppe der Schweizerkantone.
VI. Die slavo-türkische Gruppe.

§. 23.

I. Die Gruppe der mit dem deutschen Rechte verwandten Strafgesetzbücher.

1. StGB. für das Königreich Griechenland vom 18. IX. 1833.[1])

Αρθρ. 372. *Ὡς κλοπὴ θεωρεῖται:*

— — — —

2) *Εάν τις τυμβωρυχῶν νεκροσυλήσῃ.*

Αρθρ. 645. *Μὲ κράτησιν τὸ πολὺ ἓξ ἑβδομάδων ἢ μὲ πρόστιμον εἴκοσι μέχρι τριακοσίων Δραχμῶν τιμωρεῖται ὅστις ὑφαιρεῖ, κακοποιεῖ πτώματα ἢ ἄλλως καταχρᾶται αὐτῶν πρὸς ἀθεμίτους σκοπούς· ὅστις, χωρὶς νὰ πράξῃ κλοπήν, ἀνορύττει τάφους ἄνευ δικαιώματος.*

Art. 372. Als Diebstahl ist zu betrachten:

— — — —

2) wenn sich jemand durch Öffnung von Gräbern die in denselben befindlichen Sachen rechtswidrig zueignet.

---

[1]) **Ausgabe mit danebenstehender deutscher Übersetzung (Aus der Kgl. Buchdruckerei) Nauplia 1834.**

Art 654. Wer Leichen entwendet, miſshandelt oder sonst zu unerlaubten Zwecken miſsbraucht, wer ohne einen Diebstahl zu begehen Gräber unbefugt öffnet, soll mit Arrest bis zu 6 Wochen, oder an Geld von 20—300 Drachmen gestraft werden.

Hier ist ebenfalls die eigentliche Leichenschändung unter Strafe gestellt, deren geringes Maximum allerdings mit der in den meisten Fällen anzunehmenden rohen Gesinnung des Thäters in keinem rechten Verhältnis zu stehen scheint.

2. Das Serbische StGB. vom 29. III. 1860 bedroht im §. 365 No. 3 denjenigen, der unbefugt Leichen ausgräbt oder dieselben auf andere Weise beschimpft, mit Gefängnis von 10 bis 30 Tagen oder mit Prügelstrafe bis zu 30 Hieben.[2])

3. StGB. über Verbrechen und Vergehen für Bosnien und die Herzegowina von 1880.

Zweites Hauptstück. Von den Vergehen gegen die öffentliche Ruhe und Ordnung.

§. 307. Vergehen gegen die öffentliche Ruhe und Ordnung sind:

— — — —

h. Beschädigung von Grabstätten, Eröffnung von Gräbern, Hinwegnahme oder Miſshandlung an Leichen und Entwendungen an derlei Gegenständen.

Unter der erwähnten Überschrift faſst das Gesetz eine Reihe heterogener Thatbestände zusammen; als Vergehen gegen die öffentliche Ruhe und Ordnung im weiteren Sinne erscheint jede strafbare Handlung; die Subsumierung der Delikte an Leichen unter einen engeren Begriff — Verletzung der Pietät — ist daher vorzuziehen.

§. 336. h) „Beschädigung von . . . Grabstätten, Er-

---

[2]) Die Übersetzung dieses §. verdanke ich Herrn Cand. iur. E. Rosenfeld zu Marburg i. H.

öffnung von Gräbern, Hinwegnahme oder Mifshandlung an Leichen und Entwendung an derlei Gegenständen.

Wer ... die für menschliche Leichen bestimmten Grabstätten aus Bosheit oder Mutwillen beschädigt, unbefugt Gräber eröffnet, von daher oder aus anderen Aufbewahrungsorten menschliche Leichname oder einzelne Teile derselben eigenmächtig hinwegbringt, oder an menschlichen Leichen Mifshandlungen begeht, macht sich eines Vergehens schuldig und ist mit strengem Arrest von 1 bis zu 6 Monaten zu ahnden. Entwendungen aber, die an Grabstätten, aus Gräbern oder an Leichen in gewinnsüchtiger Absicht vorgenommen werden, sind als Diebstähle zu behandeln.

4. Österreichischer Entwurf eines StGB. von 1889.

IX. Hauptstück. Verbrechen und Vergehen, welche sich auf die Religion beziehen.

§. 178. Wer an Stätten, welche zur Beerdigung oder behufs der Beerdigung zur Aufbewahrung von Leichen bestimmt sind, oder an Grabdenkmälern beschimpfenden Unfug verübt, oder von solchen Orten einen menschlichen Leichnam oder Teile desselben hinwegbringt, oder an einem menschlichen Leichname Mifshandlungen verübt, oder ein Grab zerstört oder beschädigt, wird mit Gefängnis bis zu 6 Monaten oder an Geld bis zu 500 fl. bestraft.

Wer von einem Grabdenkmale, aus einem Grabe oder von einer Leiche eine Sache in der Absicht wegnimmt, dieselbe sich rechtswidrig zuzueignen, ist gleich einem Diebe zu bestrafen.

Die Bestimmung enthält dem RStGB. gegenüber in mehreren Punkten einen Fortschritt und würde als Muster für eine neue Redaktion des §. 168 dienen können.

5. Das ungarische StGB. vom 1. IX. 1880 steht auf anderem Standpunkt.

§. 336. Ohne Rücksicht auf den Wert der gestohlenen Sache bildet der Diebstahl ein Verbrechen:

— — — —

2) wenn aus einem Friedhofe ein zum Andenken an Verstorbene bestimmter oder an einem Leichnam befindlicher Gegenstand gestohlen wird.

§. 420. Im Sinne des §. 418 (wegen Beschädigung fremden Vermögens mit Gefängnis bis zu 3 Jahren oder Geld von 50—1000 Gulden) ist auch derjenige zu bestrafen, welcher — — — ein Grab oder Grabmal — — — widerrechtlich beschädigt, zerstört oder vernichtet.

6. Das Niederländische Strafgesetzbuch vom 1. IX. 1886.

Titel V.

Misdrijven tegen de openbare orde.

Art. 149. Hij die opzettelijk een graf schendt of eenig op eene begraafplaats opgericht gedenkteeken opzettelijk en wederrechtelijk vernielt of beschadigt, wordt gestraft met gevangenisstraf van ten hoogste een jaar.

Art. 150. Hij die opzettelijk en wederrechtelijk een lijk opgraaft of wegneemt of een opgegraven of weggenomen lijk verplaatst of vervoert, wordt gestraft met gevangenisstraf van ten hoogste een jaar of geldboete van ten hoogste driehonderd gulden.

Titel V.

Delikte gegen die öffentliche Ordnung.

Art. 149. Wer vorsätzlich ein Grab schändet oder einen auf einem Begräbnisplatze errichteten Denkstein vorsätzlich und widerrechtlich zerstört oder beschädigt, wird mit Gefängnis bis zu einem Jahre bestraft.

Art. 150. Wer vorsätzlich und widerrechtlich eine Leiche ausgräbt oder wegnimmt oder eine ausgegrabene oder weggenommene Leiche entfernt oder fortschafft, wird mit Gefängnis bis zu einem Jahre oder Geldbuſse bis zu 300 Gulden bestraft.

Das „Wet van 10. April 1869 tot vaststelling van bepalingen betrekkelijk het begraven van lijken, de begraafplaatsen en de begrafenisregten“ regelt das Beerdigungswesen im allgemeinen und entscheidet zahlreiche, in Deutschland noch kontroverse Fragen aus dem Gebiete des Verwaltungs- und des Privatrechts.

Auch das Wetboek van strafregt voor Nederlandsch-Indie vom 10. II. 1866 (Wetboek voor Europeanen) kennt das Delikt der Grabesschändung.

Art. 275. Jeder, die sich schuldig maakt aan schending van graven of begraafplaatsen, wordt gestraft met gevangenisstraf van drie maanden tot een jaar en geldboete van acht tot hondert gulden, onvermindert de straffen tegen misdrijven of overtredingen, die hiermede gepaart mogten gaan.

Art. 275. Jeder, der sich der Schändung eines Grabes oder Begräbnisplatzes schuldig macht, wird gestraft mit Gefängnis von 3 Monaten bis zu 1 Jahre und Geldbuſse von 8—100 Gulden auſser den Strafen, die wegen der etwa damit verbundenen Vergehen oder Übertretungen eintreten.

§. 20.

II. Die Gruppe der nordgermanischen Rechte.

1. Das dänische StGB. vom 10. II. 1866.

Femtende Capitel. Forbrydelser med Hensyn til Religionen.

§. 158. Den der gjør sig skyldig i Kraenkelse af Gravfreden, straffes forsawidt Handlingen ikke efter sin øvrige Beskaffenhed medfører større Straf, med Faengsel.

XV. Kapitel. Verbrechen, welche sich auf die Religion beziehen.

§. 158. Wer sich einer Störung des Gräberfriedens schuldig macht, wird, insofern nicht die Handlung nach ihrer sonstigen Beschaffenheit eine schwerere Strafe zur Folge hat, mit Gefängnis bestraft.

2. Schwedisches StGB. vom 16. II. 1864 (dasselbe war mir nur in französischer Übersetzung zugänglich).

Chap. XI. De la violation de la paix individuelle en certains lieux placés sous la protection spéciale de la loi.

§. 4. Quiconque se sera rendu coupable de violation de sépultures, en déterrant sans permission ou en maltraitant autrement les cadavres y renfermés, sera condamné à un emprisonnement de 6 mois au plus ou aux travaux forcés pendant 2 ans au plus. Si un cadavre non enterré a été maltraité, la peine sera d'une amende non inférieure à 25 Riksdales, ou d'un emprisonnement de 6 mois au plus.

Die systematische Stellung des Delikts ist richtig, die Unterscheidung des beerdigten und noch nicht beerdigten Leichnams praktisch, da sich wohl auf die an letzterem zu wissenschaftlichen Zwecken begangene Verstümmelung die Androhung der Geldstrafe beziehen dürfte.

Chap. XX. Du vol et du petit vol.

§. 5. La peine des travaux forçés pendant un an au plus sera prononcé:

— — — —

2) si l'on vole . . . une personne morte.

3) si l'on vole quelque chose dans les maisons destinées au dépôt provisoire des corps morts, ou dans une tombe . . .

3. Norwegisches StGB. vom 20. VIII. 1842 (revidiert 1874).

Ottende Kapitel. Om Forbrydelser med Hensyn til Religion og Saedelighed.

§. 4. Vorder begravet Lig enten uden Hjemmel optaget eller bortført, eller vorder samme mishandlet, ansees Angjaeldende for saadan Gravfredens Kraenkelse med Faengsel eller Strafarbeide i femte Grad. Hois Nogen paa lignende Maade forholder sig med Lig, som endnu ikke er begravet, ansees han med Faengsel.

Nittende Kapitel. Om Tyveri.

§. 3. Grovt Tyveri belaegges med strafarbeide i tredie, fjerde eller femte Grad. Hertil regnes, naar Nogen:

— — — —

g. stjaeler i Kirke eller Gravstedt Noget fra dødt Legeme, eller Legemet selv, eller Kisten, hvori det sammestedts er nedlagt.

VIII. Kapitel. Verbrechen, welche sich auf Religion und Sittlichkeit beziehen.

§. 4. Wird eine Leiche unbefugterweise aufgegraben oder weggebracht, oder wird dieselbe mifshandelt, so wird der dieser Störung der Grabesruhe Schuldige mit Gefängnis oder Strafarbeit fünften Grades bestraft. Wenn jemand sich in gleicher Weise an einer noch nicht begrabenen Leiche vergeht, so ist er mit Gefängnis zu bestrafen.

XIX. Kapitel. Über Diebstahl.

§. 3. Schwerer Diebstahl wird bestraft mit Strafarbeit dritten, vierten oder fünften Grades. Hierher gehört, wenn jemand:

— — — —

g. in einer Kirche oder Grabstätte etwas von dem toten Körper, oder den Leichnam selbst, oder den Sarg in welchem derselbe ruht, wegnimmt.

§. 21.

III. Die Gruppe der romanischen Länder.

1. Frankreich. Code pénal von 1810.

Section VI. §. III. Infractions aux lois sur les inhumations.

Art. 360. Sera puni d'un emprisonnement de trois mois à un an et de 16 frcs. à 200 frcs. d'amende, quiconque se sera rendu coupable de violation de tombeaux ou de sépultures, sans préjudice des peines contre les crimes ou les délits qui se seraient joints à celui-ci.

Dieselbe Bestimmung enthält der Code pénal für Monaco vom 19. XII. 1874, nur daſs die Geldstrafe bis zu 300 Frcs. ausgedehnt werden kann.

Nach dem Kommentar von Hélie (Band IV. S. 481 ff.) fallen folgende Thatbestände unter den Art. 360: 1) das unbefugte Ausgraben eines beerdigten Leichnams, 2) die Entwendung der dem Toten ins Grab mitgegebenen Sachen, 3) die Beschädigung und Zerstörung des Grabes mit allem, was zu seiner Verzierung oder zu seinem Schutz dient, 4) jeder beschimpfende Akt gegen den noch nicht beerdigten, aber schon im Sarge liegenden Toten. Letzteres erscheint mir, trotz der rhetorisch schönen Motivierung Hélies und trotzdem die Ausdehnung des strafrechtlichen Schutzes nach dieser Richtung de lege ferenda gewiſs sehr wünschenswert wäre, doch de lege lata sehr zweifelhaft zu sein, denn das Gesetz spricht nur von „violation de tombeaux ou de sépultures", und zu diesen gehört der Sarg vor der Beisetzung wohl nicht. Hélie citiert aber Entscheidungen höherer Gerichtshöfe, die für seine Ansicht sprechen. Die Schändung einer noch nicht im Sarge befindlichen Leiche würde also auch nach französischem Recht straflos zu lassen sein; ebenso die Wegnahme eines Leichnams.

2. Belgien. Code pénal von 1867.

Chap. III. Destructions, dégradations, dommages.

Section III. De la destruction ou dégradation des tombeaux, monuments, objets d'art, titres, documents ou autres papiers.

Art. 526. Sera puni d'un emprisonnement de huit jours à un an et d'une amende de 26 frcs. à 500 frcs., quiconque aura détruit, abattu, mutilé ou degradé:

Des tombeaux, signes commémoratifs ou pierres sépulcrales.

Chap. V. Des atteintes portées à l'honneur ou à la considération des personnes.

Art. 453. Sera puni d'un emprisonnement d'un mois à un an et d'une amende de 26 francs à 200 frcs., quiconque se sera rendu coupable de violation des tombeaux ou de sépultures.

Gleichlautend: Code pénal für Luxemburg vom 15. X. 1879 Art. 526 und 453, nur dafs sich in letzterem der Zusatz befindet: coupable de profanation de cadavre ou de violation etc.

3. Codice penale per il regno d'Italia vom 30. VI. 1889.

Titolo X. Dei delitti contro la proprietà. Capo 1. Del furto.

Art. 402. Chiunque s'impossessa della cosa mobile altrui per trarne profitto togliendola dal luogo dove si trova senza il consenso di colui al quale essa appartiene, è punito con la reclusione sino a tre anni.

403. Per il delitto preveduto nell' articolo precedente la reclusione è da tre mesi a quatro anni, se il delitto è commesso:

— — — —

2. in cimiteri, tombe o sepolcri sopra cose che ne co-

stituiscono ornamenta o difesa o che trovinsi indosso a cadaveri o sepolte con essi.

Titolo II. Dei delitti contro la libertà. Capo II. Dei delitti contro la libertà dei culti.

143. Chiunque nei luogi destinati al culto o nei cimiteri, mutila o deturpa monumenti, statue, dipinti, lapidi, iscrizioni o sepolcri è punito con la reclusione da tre mesi ad un anno e con multa sino a lire cinquecento.

144. Chiunque commette atti di vilipendio sopra un cadavere umano o sopra le sue ceneri, ovvero per fine d'ingiuria o per qualsiasi altro fine illecito, sottrae per intero o in parte il cadavere o le ceneri, o ne viola in qualsiasi modo il sepolcro o l'urna, è punito con la reclusione da sei a trenta mesi e con la multa sino a lire mille.

Fuori dei casi suindicati, chiunque sottrae per intero o in parte o senza autorizzazione dissepellisce un cadavere umano o ne sottrae le ceneri, è punito con la detenzione sino ad un mese e con la multa sino a lire trecento.

Se il fatto sia commesso da persona preposta o addetta a cimetero o ad altri loci di sepoltura, o alla quale siano affidati il cadavere o le ceneri, la pena è, nel primo caso, della reclusione da tre mesi a tre anni e della multa da lire cinquanta a mille cinquecento e, nel secondo caso, della detenzione sino a due mesi e della multa sino a lire cinquecento.

Titel X. Delikte gegen das Eigentum. Kap. 1. Diebstahl.

Art. 402. Wer eine fremde bewegliche Sache in gewinnsüchtiger Absicht ohne Genehmigung des Eigentümers wegnimmt, um sich in den Besitz derselben zu setzen, wird mit Gefängnis bis zu 3 Jahren bestraft.

403. Das im vorigen Artikel erwähnte Delikt wird

mit Gefängnis von 3 Monaten bis zu 4 Jahren bestraft, wenn es begangen ist:

— — — —

2. in Kirchhöfen, Grabgewölben oder Gräbern an Sachen, welche denselben zur Verzierung oder zum Schutze dienen, sich am Leichnam befinden oder demselben ins Grab mitgegeben sind.

Titel II. Delikte gegen die Freiheit. Kap. II. Delikte gegen die freie Ausübung der Kulte.

Art. 143. Wer an einem zur Vornahme von religiösen Handlungen bestimmten Orte oder auf einem Kirchhofe Grabmäler, Statuen, Abbildungen, Denksteine, Inschriften oder Gräber verletzt oder beschädigt, wird mit Gefängnis von 3 Monaten bis zu 1 Jahre und mit Geldstrafe bis zu 500 Lire bestraft.

Art. 144. Wer an einem menschlichen Leichnam oder an dessen Aschenresten beschimpfende Handlungen vornimmt, oder den Leichnam oder die Aschenreste in beleidigender Absicht oder zu irgend einem anderen unerlaubten Zwecke ganz oder teilweise beiseite schafft. oder wer in irgend einer Weise ein Grab oder eine Urne beschädigt, wird mit Gefängnis von 6—30 Monaten und mit Geldstrafe bis zu 1000 Lire bestraft.

Wer, abgesehen von diesen Fällen, einen menschlichen Leichnam oder dessen Aschenreste ganz oder teilweise beiseite schafft, oder wer ohne Erlaubnis eine Leiche wieder ausgräbt oder deren Aschenreste beiseite schafft, wird mit Haft bis zu einem Monat und Geldstrafe bis zu 300 Lire bestraft.

Ist das Delikt von jemand begangen, der als Beamter an dem Kirchhofe oder Begräbnisplatze angestellt ist oder dem der Leichnam oder die Aschenreste anvertraut waren, so tritt im ersten Falle Gefängnis von 3 Monaten bis zu

3 Jahren und Geldstrafe von 50—1500 Lire, im zweiten Falle Haft bis zu 2 Monaten und Geldstrafe bis zu 500 Lire ein.

Diese Bestimmungen sind durchaus vollständig und es dürfte kaum eine gegen einen Leichnam begangene strafwürdige Handlung geben, die nicht nach einem der vorstehenden Artikel bestraft werden könnte. Der zweite Absatz des Art. 144 enthält rein polizeiliche Delikte, seine Anführung war jedoch des Zusammenhangs wegen unerläſslich.

4. Spanien. Codigo penal vom 17. VI. 1870.

Art. 350. El que violare los sepulcros o sepulturas, practicando qualesquiera actos que tiendan directamente à faltar al respecto debido a la memoria de los muertos, serà condenado con las penas de arresto mayor y multa de 125 à 1250 pesetas.

Art. 350. Wer Gräber oder Grabstätten verletzt, indem er irgend welche Handlungen vornimmt, welche geradezu eine Auſserachtlassung der dem Andenken der Toten geschuldeten Ehrfurcht enthalten, wird mit „arresto mayor“ (wahrsch. unserem Gefängnis entsprechend) und mit Geldstrafe von 125—1250 Pesetas gestraft.

5. Portugal. Codigo penal vom 16. IX. 1886.

Art. 247. A quelle que commetter violação de tumulos ou sepulturas, praticando antes ou depois la inhumação quaesquer factos tendentes directamente a quebrantar o respeito devido a memoria dos mortos, será condemnado á pena de prisão correccional até um anno e multa correspondente.

§. 1. Não estão comprehendidos na disposição d'este artigo os casos em que, nos termos das leis ou regulamentos e em virtude da ordem da auctoridade competente se proceda ò trasladação do cadaver de um para outro tumulo ou sepultura do mesmo ou diverso cemiterio ou logar de enterramento, á beneficiação do tumulo ou sepultura e outros similiantes.

§. 2. Aquelle que praticar quaesquer factos directamente tendentes a quebrantar o respeito devido á memoria do morto ou dos mortos sem violação do tumulo o sepultura serà condemnado á prisão correccional até um anno.

§. 3. Se o crime previsto no paragrapho antecedente, consistir em facto que, praticado contra pessoa viva, constituisse crime previsto na ultima parte do artigo 393⁰, será punido com prisão maior cellular de dois a oito annos, ou, em alternativa, com degredo temporario. A violação de sepultura serà para esse effeito considerado como circumstancia aggravante do crime consummado.

Art. 247. Wer Gräber oder Grabstätten verletzt, indem er vor oder nach der Beerdigung irgend welche Handlungen vornimmt, welche geradezu die Tendenz haben, die dem Andenken der Verstorbenen geschuldete Ehrfurcht zu erschüttern, wird mit „prisão correccional“ bis zu einem Jahre und entsprechender Geldstrafe bestraft.

§. 1. Die Bestimmungen des vorigen Artikels beziehen sich nicht auf die Fälle, wo in den Grenzen der Gesetze und Vorschriften oder infolge obrigkeitlicher Anordnung die Verbringung eines Leichnams aus einem Grabe in ein anderes desselben oder eines anderen Kirchhofes oder Beerdigungsplatzes zur Verbesserung des Grabes oder der Grabstätte oder zu ähnlichen Zwecken vorgenommen wird.

§. 2. Wer irgend welche Handlungen vornimmt, die geradezu die Tendenz haben, die dem Andenken der Verstorbenen geschuldete Ehrfurcht ohne Verletzung eines Grabhügels oder Grabes wird zu „prisão correccional“ bis zu einem Jahre verurteilt.

§. 3. Wenn das im vorigen §. erwähnte Vergehen in

einer Handlung besteht, die, gegen einen Lebenden ausgeführt, unter den letzten Teil des Art. 393 (Unzucht mit Gewalt oder List) fallen würde, so wird es bestraft mit „prisão maior cellular“ (schwerste Freiheitsstrafe) von 2 bis 8 Jahren oder mit „degredo temporario“ (Verbannung mit Zwangsarbeit). Ist dadurch eine Grabesverletzung bewirkt, so wird dieselbe als erschwerender Umstand bei dem vollendeten Delikte behandelt.

6. Chile. Codigo penal vom 12. XI. 1874.

Art. 321 enthält materiell dieselben Vorschriften wie der Art. 350 des spanischen StGB.

Art. 485. Seran castigados con la pena de reclusion menor en sus grados medio a maximo los que causaren daño cujo importe exceda de 500 pesos:

— — — —

7. En tumbas, signos commemorativos, monumentos, estatuas, cuadros o outros objetos de artes colocados en edificios o lugares públicos.

Art. 485. Mit „reclusion menor“ mittleren und schwersten Grades wird bestraft, wer eine Beschädigung im Werte von mehr als 500 Pesos verursacht:

— — — —

7. An Gräbern, Gedenksteinen, Denkmälern, Statuen, Gemälden oder anderen in öffentlichen Gebäuden oder auf öffentlichen Plätzen aufgestellten Kunstwerken.

7. Kolumbien. Codigo penal de Cundinamarca von 16. X. 1858.

Capitulo tercero. Raptos, fuerzas y violencias contra las personas, y violación de los enterramientos.

Art. 553. El que á sabiendas abra ó quebrante sepultura o sepulcro con el objeto de deshonorar ó ultrajar un cadáver ó sus restos, sufrira una prisión por seis meses á dos anos y pagará una multa de cincuenta á doscientos pesos.

Art. 554. El que abriere ó quebrantare sepulcro ó sepultura para despojar al cadáver de las vestiduras ó efectos con que se le condujo à la huesa, o para aprovecharse de sus materiales, será castigado como si robase con violencia a las personas, y pagará, además, una multa equivalente al triple del importe de lo robado.

Art. 555. El que abriere o quebrantare sepulcro o sepultura con cualquiere otro objeto fuera de los expresados en los dos articulos anteriores, sufrirá un arresto de dos á seis meses y pagará una multa de diez a cincuenta pesos.

Kap. III. Raub, Notzucht, Gewaltthätigkeit gegen Personen und Vergehen gegen die Vorschriften über die Beerdigungen.

Art. 553. Wer vorsätzlich in der Absicht, einen Leichnam oder dessen Überreste zu entehren oder zu mifshandeln, eine Grabstätte oder ein Grab öffnet oder beschädigt, wird mit Gefängnis von 6 Monaten bis zu 2 Jahren und mit Geldstrafe von 20—200 Pesos bestraft.

Art. 554. Wer eine Grabstätte öffnet oder beschädigt, um dem Leichnam Kleider oder ihm mitgegebene Gegenstände wegzunehmen, wird bestraft, als wenn er die Sachen einem Lebenden mit Gewalt weggenommen hätte, und zahlt aufserdem eine Geldstrafe, deren Betrag dem 3fachen Werte des Weggenommenen entspricht.

Art. 555. Wer eine Grabstätte oder ein Grab zu irgend einem anderen als den in den vorigen Artikeln erwähnten Zwecken öffnet oder beschädigt, wird mit Arrest von 2—6 Monaten und mit Geldstrafe von 10—50 Pesos bestraft.

8. Rumänien. Codice penale von 1864 (modifiziert 1874).

Sectiunea VII. ... Infraçtiunĭ contra legilor asupra înmormêntărilor.

§. III. Câlcarea leginirilor asupra înmormêntărilor.

Art. 286. Se va cu închisă rea de la treĭ lunĭ pênĕ la douĕ-deçĭ si sése pênĕ la treĭ sute leĭ, verĭ-cine violézā mormintele saŭ comite alte acte de profanatiune asupra lor, fara a fi apĕrat de alte pedepse pentru crimele saŭ delictele carĭ se vor fi comis cu ocasiunea acestĕĭ violărĭ. Da mir ein rumänisches Wörterbuch nicht zur Verfügung steht, ist eine genaue Übersetzung nicht möglich; der Sinn dürfte aber jedenfalls folgender sein:

§. III. Mit Einschliefsung von 3 Monaten bis zu einem Jahre und mit Geldstrafe ... wird bestraft, wer Gräber verletzt oder andere herabwürdigende Handlungen an ihnen begeht, abgesehen von der Bestrafung der anderen Verbrechen oder Vergehen, welche dabei begangen werden.

§. 22.

IV. Die Gruppe des englisch-amerikanischen Rechts.

New York. Penal Code vom 1. XII. 1882.

Dasselbe enthält nicht nur Strafbestimmungen, sondern regelt auch manche wichtige, mit dem Schicksal des menschlichen Leichnams zusammenhängende und z. T. bestrittene Fragen. Da dieser Versuch einer gesetzgeberischen Regelung derselben immerhin interessant ist, so mag der dieselben behandelnde Abschnitt hier vollständig mitgeteilt werden.

Chapter VI. Violating sepulture and the remains of the dead.

§. 305. Right to direct disposal of one's own body after death. — A person has the right to direct the manner in which his body shall be disposed of after his death; and also to direct the manner in which any part of his body, which becomes separated therefrom during his lifetime, shall be disposed; and the provisions of this chapter do not apply to any case where a person has given directions for the disposal of his body or any part thereof in consistent with those provisions.

§. 306. Duty of burial. — Except in the cases in which a right to dissect it is expressly conferred by law, every dead body of a human being, lying within this state, must be decently buried within a reasonable time after death.

§. 307. Removal for burial in other states. — The last section does not impair any right to carry the dead body of a human being through this state, or to remove from this state the body of the person dying within it, for the purpose of burying the same elsewhere.

§. 308. Dissection when allowed. — The right to dissect the dead body of a human being exists in the following cases:

1. In the cases prescribed by special statutes;

2. Whenever a coroner is authorized by law to hold an inquest upon the body, so far as such coroner authorizes dissection for the purposes of the inquest and no further;

3. Whenever and so far as the husband, wife or next of kin of the deceased, being charged by law with the duty of burial, may authorize dissection for the purpose of ascertaining the cause of death, and no further.

§. 309. Unlawful dissection a misdemeanor. — A person, who makes, or causes or procures to be made, any dissection of the body of a human being, except by authority of law, or in pursuance of a permission given by the deceased, is guilty of a misdemeanor.

§. 310. Remains after dissection must be buried. — In all cases, in which a dissection has been made, the provisions of this chapter, requiring the burial of a dead body. and punishing interference with or injuries to it, apply equally to the remains of the body dissected, as soon as the lawful purposes of such dissection have been accomplished.

§. 311. Body stealing. — A person, who removes the dead body of a human being, or any part thereof, from a grave, vault or other place, where the same has been buried, or from a place where the same has been deposited while awaiting burial, without authority of law, with intent to sell the same, or for the purpose of dissection, or for the purpose of procuring a reward for the return of the same, or from malice or wantonness, is punishable by imprisonnement for not more than five years or by a fine not exceeding one thousand dollars, or both.

§. 312. Receiving stolen body. — A person, who purchases, or receives except for the purpose of burial, the dead body of a human being, or any part thereof, knowing that the same has been removed contrary to the last section, is punishable by imprisonnement for not more than three years.

§. 313. Opening grave. — A person, who opens a grave or other place of internment, temporary or otherwise, or a building wherein the dead body of a human being is deposited while awaiting burial, without authority of law, with intent to remove the body, or any part thereof, for the purpose of selling it or demanding money for the same, or for the purpose of dissection, or from malice or wantonnes, or with intent to steal or remove the coffin or any part thereof, or anything attached thereto, or any vestment, or other article interred, or intended to be interred with the dead body, is punishable by imprisonnement for not more than two years, or by a fine of not more than two hundred and fifty dollars or by both.

§. 314. Arresting or attaching a dead body. — A person who arrests or attaches the dead body of a human being upon any debt or demand whatever, or detains or claims to detain it for any debt or demand, or upon any pretended lien or charge, is guilty of a misdemeanor.

§. 315. Disturbing funerals. — A person who, without authority of law, obstructs or detains any persons engaged in carrying or accompanying the dead body of a human being to a place of burial, is guilty of a misdemeanor.

Die Vermischung von strafrechtlichen und verwaltungsrechtlichen Vorschriften ist auffallend; die Strafbestimmungen treffen jede denkbare strafbare Handlung, ausgenommen die Beschädigung eines Grabes und die Verübung von beschimpfenden Unfug an einem solchen; die kasuistische Behandlungsweise ist zur Nachahmung nicht zu empfehlen.

§. 23.

V. Die Gruppe der Schweizerkantone.

1. Das Strafgesetz für den Kanton Thurgau vom 15. Juni 1841.

§. 141. Als besondere Straferhöhungsgründe sind beim Diebstahle anzusehen, wenn derselbe begangen worden ist:

a) — — an Gegenständen, welche in den Gräbern, Särgen oder auf den Grabstätten sich befinden.

§. 210. Die Beschädigung von ..... Kirchhöfen, Gräbern ..... soll mit Gefängnis oder mit Geldbuſse oder mit Arbeitshaus bis zu 2 Jahren bestraft werden.

2. Kanton Waadt. Code pénal vom 18. II. 1843.

Chap. VI. Des délits contre la paix religieuse.

Art. 134. Celui qui trouble par des vociférations ou de toute autre manière un convoi funèbre, ou qui commet, dans un cimetière, des actes inconvenants, est puni d'une amende qui ne peut excéder 60 francs ou d'un emprisonnement qui ne peut excéder 15 jours.

Art. 272. Est puni conformément aux dispositions de l'article précédent (als qualifizierter Diebstahl):

— — — —

7°. Le vol commis . . . dans un cimetière.

Das Delikt der Pietätverletzung als solches ist dem StGB. unbekannt; die im 10ten Kapitel (Des délits contre la police des inhumations) gegebenen Vorschriften haben alle den Charakter von lediglich polizeilichen Bestimmungen. Der Ausdruck „qui commet des actes inconvenants" ist ebenso unbestimmt wie der „wer groben Unfug verübt" und läſst dem richterlichen Ermessen einen zu weiten Spielraum.

3. Kanton Wallis. Code pénal vom 1. I. 1859.

Derselbe bedroht in Art. 290 den auf einem Kirchhofe begangenen Diebstahl als „vol qualifié" mit Strafe und enthält im übrigen nur polizeiliche Vorschriften.

4. Kanton Bern. StGB. vom 30. I. 1866.

Titel V. Von den Friedensstörungen.

Art. 93. Wer . . . einen Leichenzug vorsätzlich stört, wird mit Gefängnis bis zu 40 Tagen oder mit Geldbuſse von 20—100 Franken bestraft. Die Bestrafung von dabei begangenen schwereren Gesetzesverletzungen wird vorbehalten.

5. Kanton Glarus. StGB. von 1867.

§. 130. Der Diebstahl wird als ein ausgezeichneter betrachtet, wenn er verübt wurde:

1. an Sachen, die sich in oder auf Grabstätten befanden. — — — —

Ähnlich das Peinliche Strafgesetz für den Kanton Aargau von 1857.

6. Kanton Unterwalden ob dem Wald. Polizeistrafgesetz vom 20. IV. 1870.

Strafbestimmungen zu Schutz von Religion und Sitte.

Art. 103. Mit Geldstrafe bis 300 Fr. oder verhältnismäſsiger Freiheitsstrafe, sowie in allen wichtigeren Fällen mit zeitiger Einstellung im Aktivbürgerrecht wird bestraft:

— — — —

e) wer geweihte Stätten oder geweihte Sachen verunehrt.

7. Kanton Zürich. StGB. vom 8. I. 1871.

Titel II. Verbrechen gegen den Frieden.

§. 89. In gleicher Weise (mit Gefängnis bis zu 2 Jahren, verbunden mit Buſse, in geringfügigen Fällen mit Buſse allein) wird wegen Störung der Leichenruhe bestraft, wer Gräber zerstört oder an denselben beschimpfenden Unfug verübt.

Titel VIII. Verbrechen gegen das Vermögen.

§. 163. Der Diebstahl wird als ein ausgezeichneter betrachtet, wenn er verübt wurde:

1. an Gegenständen . . . welche auf oder in Grabstätten sind.

8. Kanton Basel-Stadt. Strafgesetz vom 17. VI. 1872.

Sachbeschädigung.

§. 161. Die Strafe kann bis auf 6 Jahre Zuchthaus steigen und die Strafverfolgung findet von Amtswegen statt, wenn die Sachbeschädigung geschieht an öffentlichen Denkmälern, an Gräbern oder Grabmälern — — —.

Ebenso: Strafgesetz für den Kanton Basel-Landschaft vom 3. II. 1873. §. 161.

9. Kanton Genf. Code pénal vom 21. X. 1874.

Section VII. Infractions relatives aux lois sur les inhumations.

Art. 207. Quiconque se sera rendu coupable de violation de tombeaux ou de sepultures, sera puni d'un emprisonnement de un mois à 6 mois.

10. Kanton Zug. Strafgesetz vom 20. XII. 1876.

I. Abschn. IV. Titel. Vergehen gegen den Frieden.

§. 54. Mit Gefängnis bis auf 1 Jahr, verbunden mit Geldbuſse, in leichteren Fällen auch mit Geldbuſse allein, wird wegen Störung des Religionsfriedens bestraft:

wer . . .

c) unbefugt Gräber zerstört oder beschädigt oder an denselben beschimpfenden Unfug verübt.

III. Abschn. IV. Titel. Diebstahl, Unterschlagung und Hehlerei.

§. 116. Der Diebstahl wird als ein ausgezeichneter betrachtet:

— — — —

e) wenn der Diebstahl . . . an Gegenständen, die auf dem Friedhofe sind, verübt wurde.

11. Kanton Solothurn. StGB. vom 25. X. 1885.

II. Titel. Vergehen gegen die Religion.

§. 78. In gleicher Weise (mit Gefängnis bis zu 3 Monaten oder Geldbuſse bis zu 300 Fr.) wird bestraft, wer Gräber oder Grabmäler zerstört, beschädigt oder an denselben beschimpfenden Unfug verübt.

12. Kanton St. Gallen. Strafgesetz über Verbrechen und Vergehen vom 25. XI. 1885.

Art. 94. Die im Art. 93 (für Sachbeschädigung) angedrohten Strafen können um die Hälfte erhöht werden:

1. wenn die Beschädigung an Gegenständen erfolgte, welche ihrer Natur oder Bestimmung oder der herrschenden Sitte nach der öffentlichen Sicherheit anvertraut sind, wie z. B. . . . Grabmäler.

13. Canton de Neufchâtel. Projet de Code pénal du 5. III. 1889.

Tit. IV. Chap. 1. Section première. Délits contre la paix religieuse.

Art. 186. Quiconque trouble par des vociférations, ou de toute autre manière, un convoi funèbre, ou commet dans un cimetière des actes inconvenants, outrage ou dégrade des tombes, sera puni de l'emprisonnement jusqu'à trois mois et de l'amende jusqu'à cent francs.

Dans les cas légers, l'amende seule pourra être prononcée.

§. 24.

VI. Die slavo-türkische Gruppe.

Rußland. Entwurf eines StGB. (1887). (Übersetzt von A. von Nolcken.)

Abschnitt XXXI. Eigentumsbeschädigung.

Art. 475. Wer sich der Beschädigung

— — — —

2. eines Grabes oder Grabdenkmales

— — — —

schuldig macht, wird mit Gefängnis bestraft.

Der Versuch ist strafbar.

Abschnitt XXXIII. Entwendung fremden Eigentums.

Art. 498. Wer sich schuldig macht, fremdes bewegliches Eigentum, mit der Absicht, es sich anzueignen, heimlich, offen oder durch Betrug entwendet zu haben, wird:

1. wenn das fremde Eigentum sich in einem zu dem Zwecke aufgewühlten Grabe befand

— — — —

mit Korrektionshaus bestraft.

Der Versuch ist strafbar.[1])

[1]) Vgl. hierzu: Strafgesetzbuch für Rufsland. Übersetzt und erläutert von Ad. Baron Nolcken. St. Petersburg 1887. Bes. Teil S. 4ff., S. 97ff.

G. Pätz'sche Buchdr. (Lippert & Co.), Naumburg a/S.

FSC
www.fsc.org
MIX
Papier | Fördert
gute Waldnutzung
FSC® C083411

Kolibri 360 GmbH
Ferdinand-Jühlke-Straße 7
99095 Erfurt, Deutschland
produktsicherheit@kolibri360.de